本书为"西南民族大学'双一流'项目库资助项目"
（编号：2023-2025ZXXMK-GY-3）的研究成果

西南民族大学外国哲学译丛
剑桥维特根斯坦哲学精要

CAMBRIDGE

维特根斯坦的
继承人与编者

WITTGENSTEIN'S HEIRS AND EDITORS

[德] 克里斯蒂安·厄尔巴赫
（CHRISTIAN ERBACHER） 著

窦安振 译　徐强 校

中国社会科学出版社

图字：01-2025-1297号

图书在版编目（CIP）数据

维特根斯坦的继承人与编者 /（德）克里斯蒂安·厄尔巴赫著；窦安振译. -- 北京：中国社会科学出版社，2025.8. --（西南民族大学外国哲学译丛）. -- ISBN 978-7-5227-5078-1

Ⅰ.B561.59

中国国家版本馆CIP数据核字第20254XC363号

出 版 人	季为民
责任编辑	刘亚楠
责任校对	张爱华
责任印制	张雪娇

出　　版	中国社会科学出版社
社　　址	北京鼓楼西大街甲158号
邮　　编	100720
网　　址	http://www.csspw.cn
发 行 部	010-84083685
门 市 部	010-84029450
经　　销	新华书店及其他书店

印　　刷	北京君升印刷有限公司
装　　订	廊坊市广阳区广增装订厂
版　　次	2025年8月第1版
印　　次	2025年8月第1次印刷

开　　本	710×1000　1/16
印　　张	13.5
插　　页	2
字　　数	153千字
定　　价	88.00元

凡购买中国社会科学出版社图书，如有质量问题请与本社营销中心联系调换
电话：010-84083683
版权所有　侵权必究

This is a Simplified-Chinese translation edition of the following title published by Cambridge University Press:

Wittgenstein's Heirs and Editors

ISBN 978-1-108-81320-4

© Cambridge University Press 2020

This Simplified-Chinese translation edition for the People's Republic of China (excluding Hong Kong, Macau and Taiwan) is published by arrangement with the Press Syndicate of the University of Cambridge, Cambridge, United Kingdom.

© China Social Sciences Press 2025

This Simplified-Chinese translation edition is authorized for sale in the People's Republic of China (excluding Hong Kong, Macau and Taiwan) only. Unauthorised export of this Simplified-Chinese translation edition is a violation of the Copyright Act. No part of this publication may be reproduced or distributed by any means, or stored in a database or retrieval system, without the prior written permission of Cambridge University Press and China Social Sciences Press.

Copies of this book sold without a Cambridge University Press sticker on the cover are unauthorized and illegal.
本书封面贴有 Cambridge University Press 防伪标签，无标签者不得销售。

"西南民族大学外国哲学译丛·维特根斯坦哲学精要"

学术顾问：

  江 怡（山西大学）   朱志方（武汉大学）

  徐英瑾（复旦大学）   张学广（西北大学）

  黄 敏（中山大学）   林允清（北京第二外国语学院）

  李蜀人（西南民族大学）   楼 巍（浙江大学）

  代海强（北京师范大学）

成 员：

  徐 强（西南民族大学）   窦安振（西南民族大学）

  李 磊（西南民族大学）   许 鹏（西南民族大学）

  邬洁静（西南民族大学）   李 果（西南政法大学）

  崔中良（南京信息工程大学） 牛 尧（贵州大学）

  薛 吕（山西大学）

总　　序
维特根斯坦：其人及其思想

江　怡

一个幽灵，一直在当今世界游荡。在西方，他塑造了当代哲学的另类形象，在东方，他影响到普通人的生活日常。无论是小说艺术，还是歌曲传唱，他的身影似乎是"大音希声，大象无形"。这就是当代著名哲学家路德维希·维特根斯坦（1889—1951）。虽然他的大名早已传遍世界，但维特根斯坦究竟何人，他为何如此厉害，竟然被编入歌曲，亿万人传唱，却并非为每个人知晓。在《维特根斯坦传》(2018) 引言中，我曾把维特根斯坦称作"哲学王国的最后牛仔"，认为他对人类本真情感的渴望和对近乎原始方式的追求，与美国的西部牛仔有过之而无不及。① 我得到这种判断的主要依据是，维特根斯坦的个人传奇生活为他的哲学思想增添了不少令人难以忘怀的色彩，他的个人生活可以被看作是他的哲学思想的最好体现。所以，要

---

① 江怡：《维特根斯坦传》（修订版），江苏人民出版社2018年版，第1页。

想理解维特根斯坦的哲学，首先和重要的是要了解他的生活世界，由此才有可能走进他的思想世界。我把这叫作"观人知文"的通达捷径。

一　哲学天才的人生传奇

维特根斯坦的传奇一生坎坷复杂，充满了许多至今依然为人们津津乐道的传说故事。比如，他厌恶学院派的生活方式，不喜欢与人争辩，宁愿躲进挪威的偏远山林，逃避喧嚣的现代社会生活。他满怀对人类理智最纯洁的情感，寻求简单而又完美的世俗生活，简朴的日常生活让人觉得似乎来自另一个世界。更有他放弃富足的家庭财富，满足个人的独身生活，专心投入哲学思考，以他的整个生命实现着他的哲学理念。这一切都足以引起人们对他生活经历的强烈好奇。维特根斯坦曾用"家族相似"一词解释各种语言游戏之间的共同特征，这是来自他自己庞大的家族。家族成员之间血缘关系的相似性使他感受到巨大的压力，最终使他感到厌倦，进而渴望简单朴素的生活。

路德维希·维特根斯坦于 1889 年 4 月 26 日出生于奥地利维也纳，是家庭八个孩子中最小的一个。父亲卡尔·维特根斯坦是当时奥地利最为重要的实业家，拥有铁路、轮胎、钢铁等行业的卡特尔，即垄断集团，他在家庭生活中采取强硬的家长制作风，对家人的态度极为严厉，对孩子的教育也是唯我是从。母亲则是一位贤惠的家庭主妇，但对音乐和艺术有着出色的天赋，在管理家庭方面也是井井有条。维特根斯坦深受父母亲的双重影响：父亲的自信和坚毅性格，养成了他对事业的不懈追求，母亲的善良与艺术天赋，给了他渴望人间美好事物的理想。他和兄弟姐妹在家里接受启蒙教育，家庭教师和管家对他们的要求都极其严格，德文学习完全是按照当时奥地利上层社会的用语要求，就连游戏伙伴和舞蹈训练也都来自上层阶级。这种家庭地位的社会背景，使得他们从小就对下层社会较为疏远，贵族化教育的结果是培养了他们强烈的道德责任感和对诚实的绝对信念，也使得他们对仆人和其他佣人表现出应有的尊重，但正统的宗教信仰在他们的生活中则没有起到太大的作用。正是这种道德责任、文化修养和对物质生活的淡漠，共同构成了维特根斯坦家族孩子们生活和成长的重要家庭氛围。

或许是父亲严格的家教，这个家庭中的孩子们都多少表现出一些忧郁的性格和对人生的消极态度。路德维希的两个姐姐很晚才出嫁，大姐则是终身未婚，二哥库尔特和三哥鲁迪分别自杀身亡，所有这些都对维特根斯坦有着深深的影响。据说他也多次表达过自杀的念头，甚至想通过参加战争而结束自己的生命。但母亲的仁慈、宽厚和无私对孩子们也有着潜移默化的影响。维特根斯坦从母亲身上学到的东西要比从父亲那里学到的更多。可以看出，在这个伟大思想家的人生道路上，家庭的影响永远是无法抹掉的痕迹。

在 14 岁之前，维特根斯坦一直是在家里接受私塾教育。但他的学习过程似乎并不连贯，无论是钢琴还是语言学习都没能持续长久。父亲曾认为是孩子过于懒散而无法调教，但他自己则是不愿意让他人来教他，更愿意自学。虽然他的钢琴学习半途而废，但他的音乐才能却继承了父母的艺术基因。他与剑桥同学平森特通过音乐建立了深厚友谊，以至于把自己的第一本也是生前出版的唯一哲学著作《逻辑哲学论》题献给了他。在学习古典文学中，他也不是按部就班地简单阅读，而是一边阅读一边讨论，这就养成了他善于对阅读内容提出批评的好习惯。他的读书方式也是选择性的，只是对自己感兴趣的东西反复阅读，总是力图从中找到什么对自己有用的内容。他阅读文学作品的方式影响到他对哲学的思考。他对解决问题的反应是，"我们想知道你究竟想要说什么"，并由此加深对问题的理解，而不是说"好啦，我们已经知道这个了，那么下一步是什么"。

据传记作家麦奎尼斯的记载，维特根斯坦在家中接受的教育，主要不是来自父亲为他们请来的家庭教师，更多的是来自他父亲书架上的书籍。[①] 在当时的社会文化背景中，阅读和追求哲学是文化阶层的一种时尚，一般家庭中都会收藏一些哲学类的著作，作为有文化的标志。维特根斯坦父亲书架上的确有不少重要哲学家的书籍，如康德、谢林、费希特等人的著作。但维特根斯坦对所有这些著作似乎都不是特别有兴趣，更多地对它们采取轻视和批评的态度，因为在他看来，这些著作都没有真正解决形而上学问题。相反，他对当时重要的科学家们的著作更为关注，例如马赫、赫兹、玻尔兹曼等人的著作。玻尔兹曼认为，截然不同的假设可以同等地适用于世界，维特根斯坦把这个思想用于说明语言，认为不同的语言描述在适用于世界方面是相等的。他特别喜欢赫兹的名言："哲学的全部任务，就是要赋予

---

① Brian McGuinness, 1988: *Wittgenstein: A Life: Young Ludwig* 1889 – 1921. Berkeley, CA.: University of California Press, p. 45.

总　序

我们的表达式这样一种形式，即某些焦虑（或问题）消失了。"① 在哲学家的著作中，维特根斯坦最为欣赏的是叔本华的《作为意志和表象的世界》，这也是他读过的第一本哲学书。他从叔本华的书中看到一些属于自己曾经思考过的问题，这就是对人生的透彻观察和对精神不朽的追求。在他看来，叔本华的思想如同清晰透彻的河流，可以一望见底。叔本华思想中表现出的强烈孤独感，以及从精神和意志中创造世界的勇气，对维特根斯坦的影响也相当深刻，应当说，叔本华的思想完全适合他的人生态度。

根据维特根斯坦家族保留的资料，维特根斯坦在孩提时代并不算聪明，至少没有显示出他在哪一个方面有特别的才能，但他在智力上略显活跃，能够随时根据自己的兴趣选择所学内容，这样他才可能在学习飞机发动机后转向关心数学基础问题。不过，一旦他选定了自己感兴趣的问题，他就会全力以赴地投入到这个问题，并很快掌握与此相关的所有技术。这种锲而不舍的精神使得维特根斯坦能够在哲学中发现问题并找到解决问题的途径。他也的确在孩提时代就表现出与众不同的动手能力，据说他在十岁时用木头和金属线制作了一台缝纫机。而且一生都保持着对机器的极大兴趣，总是想要弄清机器是如何运转的。他很喜欢画一些机器的图纸，并愿意自己动手修理出了毛病的机器。父亲发现了他的这种潜在素质，因此推荐他学习工程技术，希望他将来能够成为一名可以自食其力的工程师。在维特根斯

---

① H. R. Hertz, 1894. *Die Principien der Mechanik*, Leipzig: Barth; *Gesammelte Werke*, Vol. 3, Leipzig: Barth.

坦14岁那年，他被父亲送到了位于维也纳西部林兹的一所六年制中学。

初到这个学校时，在同学们看来，维特根斯坦仿佛来自另一个世界。因为他的生活方式、阅读的书籍以及所有感兴趣的东西都与他们完全不同。他也承认，坐在教室里有一种如坐针毡的感觉。他在学校里读了三年，但校方给他的操行评语似乎并不令人满意。他在学校唯一感兴趣的课程是物理学，这也符合他的工程师的潜质。但他在物理课程上的成绩只有5分制中的3分，在其他课程上也成绩平平，只有在德文、化学、描述几何学和绘画上得了较高的4分。他们的宗教课教师是一位严厉的牧师，频繁的测试和枯燥的教义使得维特根斯坦对它失去了兴趣。所以，他在后来反思宗教问题时，总是在道德伦理的层次上讨论，很少对宗教本身的理论主张提出自己的看法。关于他就读的学校，还有一个为人传道的经历，这就是希特勒也曾就读于该校，并与维特根斯坦同校一年。虽然希特勒的年龄比维特根斯坦大六天，但在校期间，维特根斯坦却比希特勒高两个年级。希特勒曾在书中提到这个学校，极为赞赏学校的历史教师强烈的民族主义情绪。维特根斯坦也曾说过，学校里的犹太人只是少数，而且每个犹太人都不愿承认自己的血缘。从维特根斯坦与希特勒的这段共同经历中可以看出，这两个在历史上给人类带来不同影响的人物，从小就反映出不同的品质：希特勒有着强烈的种族主义倾向，而维特根斯坦则是对自己的犹太血统讳莫如深。

1906年的夏天，维特根斯坦从林兹的中学毕业。他原本希望能够跟随玻尔兹曼学习物理学，但由于玻尔兹曼的自杀而不得不放弃了这个计划。随后他向父亲提出，希望继续学习机械工程，父亲毫不犹豫地把他送往德国学习。当时德国拥有欧洲最好的工程学校，维特根斯坦为自己选择了位于德国柏林附近夏洛滕堡的工科大学。1906年10月23日，他正式注册为机械工程系的本科生。在这个学校里，他主要学习的是航空技术方面的课程，同时选修了数学和物理学等大学公共课。不过，他对这些技术方面的课程似乎始终没有对哲学的兴趣那么大。由于工科大学没有哲学系，所以，他经常去柏林大学旁听当时著名的哲学家斯塔夫和狄尔泰的课程。但据他自己后来讲，离开林兹到柏林学习的这段时间是他一生中感到最不愉快的时候，因为他对大学里所教的课程很难感到满意，他正在感兴趣的航空学在柏林也没有完全学到。由于对柏林生活的不满，他在读完三个学期后就转学到了英国曼彻斯特大学。

1908年夏天之后，维特根斯坦在曼彻斯特大学工程系正式注册为研究生，专业是喷气式发动机，主要解决飞机发动机的喷气嘴问题。他发现，喷气嘴的正常运转取决于飞机螺旋桨的正确设计。但设计螺旋桨比解决喷气嘴问题需要更多的数学训练，于是他对数学问题的兴趣日益增强，最后完全把螺旋桨的问题搁在了一边。这就是维特根斯坦从工程技术研究转向数学研究的过程。1909—10年，维特根斯坦注册为工程实验室的研究生，后来成为学校正式注册的研究生。但通过在曼彻斯特的学习，他似乎对之前所关注的专业已经完全失去了兴趣，而是更为关注哲学上的问题，因为在他看来，只有哲学才会注重事物发生的过程，这与他当时对数学基础的研究有着密切关系。正是这种研究导致他从工程技术走向了哲学研究，也就从一个理想的工程师转变为一个现实的哲学家。

　　1911年秋,维特根斯坦做出了一个在他一生中最为重要的决定,这就是到剑桥求学,拜罗素为师。在曼彻斯特读书时,他由于设计螺旋桨而转向研究数学问题,对数学基础问题深感兴趣。于是,他阅读了大量相关著作,包括弗雷格的《算术基础》和罗素的《数学原则》。这两本书的附录中都对对方的研究做了介绍,这使得他对他们在数学基础方面的研究都非常熟悉。1911年夏,他到了德国耶拿拜见了弗雷格,后者建议维特根斯坦到剑桥求教于罗素。于是,维特根斯坦接受了这个建议,于当年秋天去了剑桥,并在第二年2月正式注册为剑桥大学研究生。[①]

　　从曼彻斯特转学到剑桥,这是维特根斯坦一生的重要转折点。这不仅是由于他的研究兴趣发生了重大变化,即从工程技术转向了哲学,而且是指他的整个生活方式都完全改变了,从一个孜孜不倦的求学者转变为有着完全独立思想的创造者,从人生道路的准备阶段走向了打破沉寂的冲刺阶段,并崭露出未来的哲学天才之端倪。

二　哲学天才的创新之路

　　在年轻的维特根斯坦眼中,剑桥完全是一个全新的、令人着迷的世界,而他最终转入剑桥大学学习哲学,完成了他人生中的两个重要

[①] 关于维特根斯坦的生平,参见我的《维特根斯坦传》(修订版)。

转折：一个是从漫无目的地自我探索转向了有明确导师指引的全新学习，一个是从主要依靠实践能力的工程技术转向了主要通过理论思考的哲学探索。

维特根斯坦从工程学转向数学和哲学研究并非一时的心血来潮。早在孩提时代，他就对数学和哲学问题深感兴趣，对机械制造的钻研让他做了大量的数学演算。虽然他在数学基础问题上的研究要比在哲学上的思考花费更多的时间，但他始终认为，数学不过是一种工具，我们可以用它解决我们的思想难题，但无法替代思想本身。不仅如此，他还对哲学提出了一些独特的看法，认为哲学本身并无价值，哲学只是一种手艺活，它的价值就在于把它做好。在当时的维特根斯坦看来，哲学的最高成就是可以产生一种美，这是需要理性的努力才能把握的美。一名工程学的研究生能够对哲学有这样的理解，已经足以让他的同辈们刮目相看了。他的导师罗素对这位学生更是厚爱有加。

罗素在他的回忆录中曾记载道，维特根斯坦在剑桥的学习生活非常活跃，处处表现出一种思想的活力，对他读过的大书，比如罗素的《数学原则》（1905）和罗素与怀特海合著的《数学原理》（1903—1910）都极为推崇，把它们看作音乐中的美。的确，维特根斯坦的思想时刻都体现出音乐对他的深刻印象：他不仅把他喜欢的书看作如同音乐一样令人陶醉，而且把自己的书也设计成如同音节一样有着美妙节奏的样式，这就是他的成名之作《逻辑哲学论》。从维特根斯坦对音乐的终生眷恋看，这本书的样式正是来自他对音乐的内心感受，因为它的命题排列完全是有着强弱快慢节奏的一支乐曲。

维特根斯坦的继承人与编者

罗素在他的《自传》中多次描述过维特根斯坦当时在剑桥学习时给他留下的深刻印象。他看到,维特根斯坦所追求的哲学理想是要达到对人生的透彻体验,因而他总是怀着极大的热情学习他所需要的一切,其中包括了数学和逻辑,因为在维特根斯坦看来,它们是达到哲学理想的重要工具。的确,当维特根斯坦学习逻辑时,他把逻辑看作是有助于解决形而上学问题、伦理学的本性以及生活的意义问题等。所以,罗素在1912年的一封信中曾说,维特根斯坦似乎是一个神秘主义者。[1] 这个看法使得维特根斯坦开始落入被误解的历史漩涡。在某种意义上,罗素既是维特根斯坦的导师和朋友,同时也是最早误解他思想的人。罗素和维特根斯坦之间的这种亦师亦友的关系,在当代西方哲学中具有一定的典型意义。

当维特根斯坦初入剑桥,罗素正在写他的《哲学问题》一书。他在书中表达了这样一个观点:一切哲学问题都可以被分析为语言问题,并最终解释为逻辑问题。这对年轻的维特根斯坦有很大吸引力,因为他当时正在想办法解决用逻辑解释世界的问题,而罗素的想法不仅肯定了他的基本思路,而且为他解决这个问题提供了有效的工具和途径,这就是要用数理逻辑的手段分析语言的逻辑结构,从而达到解释世界的目的。所以,维特根斯坦进入剑桥后,迫不及待地聆听了罗素的讲座,并直接拜见罗素本人。罗素在《自传》中把维特根斯坦称为"我的德国人",因为维特根斯坦的英语总是带有一些德语口音。[2] 罗素说,我的德国人非常好辩,以为一切经验上的东西都

---

[1] 罗素:《罗素自传》第1卷,胡作玄、赵慧琪译,商务印书馆2012年版,第337页。
[2] 罗素:《罗素自传》第2卷,陈启伟译,商务印书馆2012年版,第151页。

是不可知的。对此，罗素就反问他，在我们谈话的屋子里没有一头犀牛，这难道是不可知的吗？但维特根斯坦却不承认这一点，罗素就真的挨个检查书桌底下。这里的分歧当然不是世界上是否存在某个东西，而是说，在维特根斯坦看来，世界上只有断定性的命题，也就是对世界上所发生的事情有所断定的命题，而存在性的命题，也就是说，描述世界上所存在的事物的命题，由于可能涉及不存在的事物，所以它们是没有意义的。实际上，维特根斯坦在这里区分了被断定的东西和断定本身。如果我们把被断定的东西称作命题，当这个命题并不涉及任何精神上的成分，那么，这个命题即使在做出判断的时候没有涉及现实的事物，它也是有效的。这就是说，命题的真假与命题所断定的事物无关，而是与命题概念有关。他给出的一个有力论证是，我们可以有包含"不"这样的否定词的命题，也就是说，如果我们可以根据现实的事物断定一个否定命题的真，那么，根据符合论的真理观念，就应当存在一个可以用于判定否定命题为真的事实，也就是否定性的事实。然而，根据常识，现实中并不存在这样的否定性的事实。由于对否定性事实的存在的否定，逻辑上就会对一切事实的存在提出否定，因为涉及否定，就会涉及对存在性命题为真的断定根据。这样，维特根斯坦就已经走到了他在《逻辑哲学论》中的第一句话："世界就是所发生的一切。世界是事实的总和，而不是事物的总和。"[①]

维特根斯坦的独特思考，使得他从一开始就显示出与自己的导师罗素和前辈哲学家摩尔等人的不同。罗素把他的这位"德国朋友"

---

① Ludwig Wittgenstein, 2023. *Tractatus Logico-Philosophicus*. Tr. Michael Beaney, Oxford: Oxford University Press, p. 5.

称为对一切推理的强烈反对者，认为与他交谈简直是在浪费时间。他在日记中这样写道："我的德国朋友正在哲学与航空学之间犹豫不决；他今天问道，我是否考虑过他在哲学上完全没有希望，我告诉他我不知道，但我并不认为是这样。我让他给我一些他写的东西来帮助我对此做出判断。"① 根据罗素的建议，维特根斯坦在1911年的圣诞节期间写了几篇东西，次年1月重返剑桥后交给了罗素。罗素看后大加赞赏，说比自己的英国学生还要好，应当鼓励他，或许他会成大事的。后来，维特根斯坦又给了他一些稿子，并表明他决定继续从事哲学研究了。经过罗素等人的推荐，维特根斯坦在当年2月1日被接纳为剑桥大学三一学院的正式成员。当时，维特根斯坦被安排的导师是著名数学家格莱舍（J. W. L. Glaisher），到了6月份，罗素被指定为维特根斯坦的直接导师。

在剑桥，维特根斯坦结识了许多当时重要的思想家、哲学家和逻辑学家等，如摩尔、麦克塔加特、凯恩斯、约翰逊、怀特海、多沃德、利奇、奥格登，以及许多著名科学家，如维生素的发明者之一霍普金斯以及电子的发现者汤普森等。当然，他与罗素、摩尔、怀特海、约翰逊等人关系更为密切。罗素曾多次对能够结识维特根斯坦表示庆幸，甚至说，结识维特根斯坦是他一生中最激动人心的思想遭遇之一。"他可能是我所见过的最完美的传统意义上的天才：热情、深情、认真和超凡卓群。他有着那种我只有在摩尔那里才能看到的纯真。"② 很难想象，这些赞誉之辞出自一个有着深厚学养和深刻思想

---

① 罗素：《罗素自传》第2卷，陈启伟译，商务印书馆2012年版，第152页。
② 罗素：《罗素自传》第2卷，陈启伟译，商务印书馆2012年版，第155页。

的哲学家之口，这足可见维特根斯坦在罗素心目中的分量。

在剑桥，维特根斯坦与罗素的关系很像苏格拉底与柏拉图的关系，他们之间很少清规戒律，完全是一种自由民主的学习方式。维特根斯坦生性腼腆，不愿过多参与社会交往，但罗素每次参加私人聚会都要邀请维特根斯坦一起出现，并把他介绍给学院的其他同事或某些学会的成员。可是，维特根斯坦的固执和急躁以及对他人反应的过于敏感，又往往使得他很难与其他人进行深入的交流。按照罗素的说法，这主要是因为维特根斯坦在讨论中往往不注意方式方法，而只是一味地自说自话。这种直率的表达方式和性格，在他与人交往中给他带来了不少麻烦，也导致了他的思想被后人不断误解。当然，这种误解不仅来自他的交往方式，更主要是维特根斯坦对任何事情的认知方式和独特的思想风格。这在他与罗素的思想交流中就已经得到明显体现，甚至连罗素自己都说，他与维特根斯坦的关系与其说是师生，不如说是朋友。维特根斯坦对罗素思想的批评，远多于罗素对维特根斯坦的指导。他们在思想上的明显分歧，首先就表现在维特根斯坦所写的第一本哲学书《逻辑哲学论》以及罗素对这本书的评价上。这本书的写作和完成过程，既是维特根斯坦完整思想的第一次明确表达，更是他与自己的导师罗素的哲学分歧的首次公之于世。

维特根斯坦虽然从罗素那里学到了许多东西，但从一开始，无论是从出发点上，还是在基本思路上，他与罗素都存在着明显的分歧，而且正是这些分歧最终导致了他们在20世纪20年代分道扬镳。这些分歧主要包括：第一，罗素对数学和逻辑的研究始终没有放弃追求建立完善的哲学理性大厦的理想，因此他的思想前提是要获得哲学上的价值；但与此不同，维特根斯坦并没有这样大的哲学抱负，他的目的只是想弄清语言逻辑的基本结构，以便使我们能够清晰明白地表达思想。第二，在罗素看来，人类的理性能力足以认识和把握外部世界，因此对我们的认识来说，不存在任何神秘之物；但维特根斯坦坚持认为，我们的认识能力是非常有限的，我们可以认识和表达的只是世界一小部分，还有更大的部分是我们无法表达的，甚至是无法认识的。第三，在如何理解世界的逻辑构造上，罗素与维特根斯坦之间也存在着明显的分歧。其实，当我们说他们之间存在这些分歧，主要是因为维特根斯坦始终抱怨罗素没有真正理解他的思想。虽然如此，维特根斯坦在准备他的《逻辑哲学论》初稿时，依然从罗素那里得到了很多的支持和帮助，所以，他在书中多次提到罗素思想的重要贡献。但从整体上看，维特根斯坦在写作该书时，并没有从罗素的思想中获得更多的资源，相反，罗素却因为维特根斯坦在1911—12年间写下的《关于逻辑的笔记》中得到灵感，提出了被他后来看作是代表了自己思想的逻辑原子主义哲学。正因为如此，罗素把这种哲学的发明权献给了维特根斯坦。然而，维特根斯坦似乎并没有满足于对这种哲学宣示主权，他的思想具有更为终极的目标，即为人类思想和语言划定界限。这就是《逻辑哲学论》中的核心观点之一。

有了这些想法，维特根斯坦就不再满足于跟随罗素学习了。从1912年秋季起，他就开启了放飞自我的度假之旅。最初是与自己的挚友平森特在冰岛为期一个月的假期，随后他们又去了挪威度过了愉快的假期。最后，他独自在挪威的卑尔根东北松内湾的希约尔顿的一个农场住下，一直到1914年的第一次世界大战爆发。在这前后近

总　　序

两年的时间里，维特根斯坦基本上生活在挪威的一个小山上，为自己建造了一所小屋，甚至希望在那里过一种隐居生活。事实上，维特根斯坦在《逻辑哲学论》中的思想大多是在这里形成的。1914年3—4月，摩尔专程从剑桥到挪威看望维特根斯坦，记录下了他口授的研究成果，这就是维特根斯坦死后发表的《挪威笔记》。在挪威期间，维特根斯坦习惯于把自己思考的东西随时记录在几个笔记本上，这些笔记本就成为他为《逻辑哲学论》的写作准备的素材，其中被保留下来的很少部分在1961年以《1914—1916年笔记本》为题出版。

第一次世界大战的爆发，使得维特根斯坦第一次感受到人世间的残酷无情。虽然他因病可以免予兵役，但他还是主动报名参军，加入了奥匈帝国的军队。在他看来，走上战场是最好的自杀方式。联想到他的两个哥哥自杀身亡，这的确可以让我们理解他上战场的动机。令人吃惊的是，他非但没有在战场上阵亡，反而还因为表现勇猛而获得了勇敢奖章。不幸的是，在1918年11月，随着奥匈帝国的溃败，他成了意大利人的俘虏。四年的战争经历，不仅没有让他实现自杀的愿望，反而使他对生活产生了更为强烈的追求。这特别明显地表现在，即使是在战争期间，他也从未放弃过对哲学的研究。据说，他在被俘时帆布包里就装着《逻辑哲学论》的手稿。维特根斯坦曾对他的好友冯·赖特谈起过他在战壕里产生语言是实在的图像这个想法的过程。他在战壕里读到一本杂志，上面有一幅描绘在一次汽车事故中事件的可能次序的略图。在维特根斯坦看来，这幅略图在这里就起到一个命题的作用，是对事物可能状态的一个描述。这种作用是由于这幅略图的各个部分与实在的事实或事件之间有一种对应关系。这就让他想到，可以把这个类比颠倒过来，一个命题就相当于一个图像，它的组成部分与世界之间也有类似的对应关系。这样，命题的各个部分组合起来的方式，也就是命题的结构，就反映了世界的各个组成部分的方式，也就是事物存在的可能状态。这样，维特根斯坦认为，他就可以解决有意义的命题的本质问题。他把这个想法不断系统完善，在意大利的俘虏营里最后整理出了一部书稿，这就是《逻辑哲学论》。

这是维特根斯坦的第一部哲学著作，也是他生前出版过的唯一一部哲学著作。这本书的出版，结束了维特根斯坦早期的哲学思考，因而这本书也被称作他的前期哲学的代表性著作。不仅如此，这本书的出版还直接奠定了他在当代西方哲学史上的地位。

在《逻辑哲学论》中，维特根斯坦向我们揭示了一个冷静客观的逻辑世界，由此他认为，他已经完成了描述世界的哲学任务，哲学上已经没有任何事情可以做了。所以，1919年从意大利战俘营返回奥地利后，他就基本上不再考虑哲学问题，而是进入了另一种生活，走向了日常的平民社会。从1919年到1929年，这十年的生活经历对维特根斯坦来说极其重要，因为正是他在这个期间体验到的平民生活，彻底改变了他的哲学观念，最终使他走向了一种新的哲学。

作为富裕家庭的后代，维特根斯坦在战争之前一直生活在高贵的富有阶层，从来没有接触过下层社会。他的战争经历让他第一次感受到了人间苦难，也认识到了他熟悉的富有阶层的矫揉造作。他始终在追求一种简单淳朴的生活方式，他希望能够在平民生活中可以找到这种生活方式。这就解释了为什么他会在战后到了奥地利的边远山村担任小学教师，做了一个孩子王。据说，维特根斯坦对教学工作非常认真，学生们都很喜欢他，愿意上他的课。我在他曾任教的特拉滕巴赫小学中看到了他与学生们的合影照片，看上去学生们与他在一起都很快乐。他不仅教会了小孩子们读书识字和数学计算等，还专门为他们编写了一本《小学字典》。这也是他生前出版过的除《逻辑哲学论》之外的唯一著作。

这里要特别说一说他编写的这本《小学字典》。虽然这只是一本学生字典，但它却是以维特根斯坦本人的教学经验为依据，其中包含了对语词用法的分析，这为他后来对语言用法的哲学研究提供了重要思想素材。他在字典的序言里这样写道："本字典的目的，是为了满足目前在缀字法教学方面的迫切需要。这是作者实际经验的结果：为了改进班上的缀字写作，为了能够让学生们获得语词拼写方面的知识，本书作者发现必须给他们提供一本字典。首先，这样一本字典可以使学生尽快地查找一个词。其次，本字典告知学生的方式是能够使他们永远地得到构词方法。在写作和修订作文时，语词的拼写就成了学生们迫切关心的主要问题。"正是这种对语言用法的特别关注，使得维特根斯坦在哲学思考中改变了之前对语言的逻辑结构的静态观察方式，开始强调日常语言的具体用法，特别是想要从语言用法中发现人们的思维方式。当然，这些都是在他于1929年重返剑桥后的事情了。

长达六年之久的乡村教学让维特根斯坦深感人生的悲凉，尽览人世的丑恶。他从中非但没有实现他最初希望在平民社会中发现淳朴善良的美好愿望，反而得到的是对人生的悲观，对人世的反感，这更加深了他原有的厌世情绪。所以，他也就自然放弃了教师工作。但他并没有马上重返哲学，因为他当时认为，自己无论如何都不可能在哲学上有所创造了，他对哲学研究失去了任何内在的冲动，他的"思想之源已经干枯了"。

不过，维特根斯坦不知道的是，就在他与乡村小学的同事和孩子家长们为他是否体罚学生而陷入一系列官司之中的时候，他的《逻辑哲学论》一书的出版在维也纳的哲学圈里却掀起了一场轩然大波。维也纳大学的一批有着科学研究背景和科学探索精神的科学—哲学家们，对这本书的着迷已经到了如醉如痴的程度。他们如饥似渴地阅读着这本小书，试图从书中的每句话中找到他们希望看到的哲学表达，并寻找各种机会希望能够与这本书的作者面对面地交流请教。经过拉姆塞的牵线搭桥，维也纳大学的马赫讲席教授石里克多次邀请维特根斯坦为他在1924年组成的维也纳小组成员详细讲解《逻辑哲学论》。维特根斯坦开始并没有对这个邀请给予重视，也不愿意参与这种有组织的讨论交流。但无奈石里克教授的三顾茅庐，维特根斯坦最终答应了他的盛情，愿意与维也纳小组的个别成员进行私下交流，但婉言拒绝了石里克希望他能够正式参加维也纳小组的请求。这样，从1927年起，维特根斯坦就经常与维也纳小组的石里克、卡尔纳普、魏斯曼、纽拉特等人在一起讨论哲学问题，解答他们对《逻辑哲学论》一书内容的困惑。根据卡尔纳普的记载，这些讨论一直持续到1929年维特根斯坦与他断绝关系。断绝关系的主要原因，是由于维特根斯坦认为卡尔纳普剽窃了他的思想。事实上，这种嫌疑是维特根斯坦对任何解释他思想的人的常有反应，包括对魏斯曼的工作也提出了同样的责备，导致魏斯曼的早期著作无法在其生前发表。

通常认为，正是在与维也纳小组成员的讨论过程中，维特根斯坦发现自己的思想之源并非真正枯竭，他还能在哲学领域作出创造性的工作。但实际上，维特根斯坦与维也纳小组成员的交流，是让他感受到了自己的思想得到认可和尊重，这是给予了他重拾哲学的重要信心。在心理学上，自卑与自尊是相辅相成的。维特根斯坦在与人交往中的猜忌抱怨，正是他缺少自信和自尊的直接反映，而维也纳小组成员对他思想的尊重，让他在心理上感觉到自己在哲学上的真正价值。当然，促使维特根斯坦完全重返哲学研究的重要外因是，他在费格尔和魏斯曼等人的建议下，于1928年3月聆听了当时赫赫有名的数学家布劳威尔的一次讲演，题目是《数学、科学和语言》。在讲演中，布劳威尔反对把数学归结为逻辑的倾向，认为数学的抽象是与日常语言的使用密切相关的。这与维特根斯坦之前的哲学观点是大相径庭的。在《逻辑哲学论》中，维特根斯坦认为，逻辑是构成世界以及一切命题的根本法则。但在聆听了布劳威尔的讲演后，维特根斯坦开始意识到，逻辑并不能解决语言的结构，相反，语言的运用才会确定逻辑的法则。当然，他能够有这种意识也与他的小学教学经验有关。正是在教授孩子们如何学习语词的意义和拼写过程中，他发现，语言的意义取决于我们如何使用它们，而不是取决于语言固有的逻辑结构。这样，维特根斯坦终于找到了自己值得重返哲学的起点。1929年1月，维特根斯坦正式返回剑桥，重新开始了他的新的哲学之旅。

重返剑桥被看作是维特根斯坦思想发生转折的重要标志。但事实上，在他最终决定重返哲学之前，他的哲学思考已经发生了重要转向，即从对语言结构的静态分析转向了对语言用法的动态考察。这反映在两个方面：一方面，通过小学的教学实践，他对语言的构词法与日常使用之间的关系给予了更多的关注，发现语言构词是在大量的语言用法中完成的；正是通过对语言用法的观察分析，维特根斯坦提出"语言游戏"的概念，并用这个概念去分析我们对日常语言用法的不同观察结果。另一方面，通过对大量语言用法的观察，维特根斯坦发现，在日常语言使用的背后存在着一些不为人知的语言习惯和思维习惯。他把这些习惯解释为"遵守规则"。虽然我们并不是在了解规则的前提下去遵守规则，但我们却必须把所有的语言使用都用规则加以解释。这个悖论被称作维特根斯坦式的"遵守规则悖论"。维特根斯坦正是在不断解释语言游戏和遵守规则的过程中，逐渐形成了自己独特的哲学思想，由此与自己的前期思想分道扬镳了。

当然，维特根斯坦的思想转变并非一蹴而就的。在他返回剑桥后的头四年间，即1929—1933年，他的思想始终处于转变之中。这个时期通常被称为"转折时期"，也被称作维特根斯坦思想发展的"中期阶段"。他在这个阶段主要是通过授课向学生传达他的思想变化，他的授课记录在他去世后以《蓝色和棕色笔记本》以及《维特根斯坦1930—1932年剑桥讲演集》为书名出版。当然，他在这期间也写下了大量的哲学笔记，后来以《哲学评论》、《哲学语法》以及《数学哲学基础评论》等为题在他去世后出版。通常认为，这些著作反映了维特根斯坦在转折时期的思想变化过程，但由于尚未形成明确的思想观点，因而被认为在哲学价值上不如《逻辑哲学论》以及后期哲学代表作《哲学研究》等。但我们必须要看到，他在转折时期完成的著作为他后期哲学的形成开辟了一个新的方向。从他后期的《哲学研究》以及《论确定性》等著作看，他在转折时期的思想表达已经部分地被纳入到后期哲学的思想论述之中。因而，国际研究界普遍认为，维特根斯坦在转折时期的思想应当被看作是他后期思想的前期准备。

维特根斯坦思想转变的一个重要起点是对他自己的前期哲学的批判。从时间上看，他首次公开表示对自己前期哲学的不满，应当是在1929年7月举行的英国哲学家年会上。他原本为这次会议准备了论文《关于逻辑形式的评论》，但在宣读论文时，他却临时改变了主意，替换为一个关于数学中的无限性问题的话题。这个改变是由于他对之前准备的文章感到不满，那篇文章代表的正是他在《逻辑哲学论》中表达的主要思想，如强调原子命题是一切命题的核心，以及从不同的日常语言命题中可以分析出它们的逻辑形式，等等。在他现在看来，这些观点都是有问题的，因为他不再相信，我们可以通过对命题形式的逻辑分析揭示出世界的逻辑结构。1929年11月，维特根斯坦应邀在一个非哲学专业的学会上发表了一次关于伦理学的演讲。在演讲中，他明确表示接受摩尔关于伦理学的定义，即根据伦理学术语在不同场景的用法去确定它们的意义，而不是寻求使用了这些术语的命题的逻辑形式。这被看作是维特根斯坦首次公开自己思想的转变。

当然，维特根斯坦的思想转变，虽然起于对自己之前的哲学的批判，但转变的核心还是提出了一套全新的哲学观念。之前我们看到，维特根斯坦的性格特征中有着一种与众不同的孤傲，这种孤傲在哲学思想中的反映，就是哲学观念上的特立独行。早在他的哲学生涯开始之时，维特根斯坦就明确地提出了与传统哲学分道扬镳的哲学观念。在1914—1916年的笔记中，他指出，哲学不是一种自然科学，它并不能给我们提供关于实在世界的图像，也不能用于证实或否定科学的研究；哲学中没有归纳，没有任何或然的假设。在《逻辑哲学论》中，维特根斯坦更是明确地指出，哲学不是一种理论，而是一种活动，其结果不是由命题表达的哲学知识，而是通过逻辑分析阐明存有问题的命题。因此，哲学的任务是通过展现这些命题的真值函项而澄清它们。在他思想转折时期，维特根斯坦虽然坚持把哲学看作一种活动的观点，但他不再坚持关于哲学解释和阐明目的的看法，而是把哲学研究活动看作是对于哲学问题的消解。在这里，他提出，哲学所能做的只是破除一切偶像，通过不加解释地展现日常语言的各种用法，揭示出一切哲学问题原来都是产生于对这些用法的错误使用。所以，归根到底，哲学的任务是要使得我们看到，哲学的产生是由于对日常语言的误用，而避免了误用也就消除了哲学本身。虽然维特根斯坦在思想转折时期提出的一些观点在后期哲学中被逐渐放弃，但这种对哲学性质的观点却得到了保存，并在后来的哲学思考中被不断完善，最终形成了与传统哲学和他前期思想断裂的崭新哲学，在这种新的哲学中，讨论的话题主要围绕语言游戏、遵守规则、数学基础、心灵活动、生活形式等等展开。

1936年，维特根斯坦开始正式写作后来以《哲学研究》为题出版的著作。所谓"正式写作"，是指与他当时的其他笔记或讲座记录不同，他是为了出版而写作这部著作的，所以，他的写作就更为细致和谨慎，到1938年完成了前言部分和正文的188个条目。但他对自己的写作并不满意，所以没有交付出版，而是束之高阁。直到1944年，他才继续补充修订，把原来的条目扩充到421个，并在1945年重新写了序言，同时增加了272个条目，最终使全书有了693个条目。这些构成了《哲学研究》第一部分内容。1946年，维特根斯坦辞去了教授职务，1949年在爱尔兰完成了该书的第二部分内容。《哲学研究》最终是在维特根斯坦去世后的第三年即1953年出版，这是他在生前交代过可以在他死后出版的。因此，这本书就被看作维特根斯坦成熟的后期思想的主要代表著作。

三　哲学天才的深刻思想

哲学家的人生经历之所以成为众口皆碑的传奇，这不是因为他们的经历特殊，而是因为哲学家们的思想影响深远，乃至人们爱屋及乌，往往会从那些深邃难懂的思想，转向关注他们在人世间的一切生活经历，由此为他们的生活世界增添更为神秘的色彩。然而，哲学家的伟大不是由于那些发生在他们身上和身边的经验之事，哲学家们能够被后人铭记也不是因为他们生活中出现的逸闻趣事。哲学家们的伟大是因为他们的思想超越了前人，哲学家们被铭记是因为他们留下了传世经典。维特根斯坦正是这样的哲学家，《逻辑哲学论》和《哲学研究》就是他为当代哲学留下的宝贵思想遗产。

我们知道，《逻辑哲学论》的手稿是维特根斯坦在战壕里最终完成的。虽然战争的残酷让他有了一种视死如归的感觉，但他从没有因为这种恶劣的环境而放弃对哲学的思考。据他的好友说，他对世界与语言关系的重新解释正是来自他在战壕中读到的一本杂志，上面有一幅描述在一次汽车事故中事件的可能顺序的简图。在维特根斯坦看来，这幅简图在这里就起到了一个命题的作用，它是对事物的可能状态的一个描述。它之所以能够起到这种作用，正是由于这幅图里的各个组成部分与实在的事物或事件之间有一种对应关系。维特根斯坦把这种类比颠倒过来，等于是说，一个命题就相当于一个图像，它的各个组成部分与世界之间有类似的一一对应的关系。这样，命题的各个部分组合起来的方式，也就是命题的结构，也反映了世界的各个组成部分组合起来的方式，也就是事物存在的可能状态。由此看来，维特根斯坦是把残酷的现实世界简化为形式化的逻辑世界，这个逻辑世界的坚实性和意义完全是由自身的形式规则和逻辑结构决定的。不仅如此，维特根斯坦还把现实与理想之间的前后顺序颠倒过来，试图用理想的逻辑世界的命题结构关系解释现实的外部世界的事物事件之间关系的可能情况。这正是《逻辑哲学论》所要完成的工作。简单地说，这本书的主体部分是七个主命题，每个命题下面又按照逻辑顺序或重要性先后出现数字不等的许多分命题，用于解释每个命题上一层的命题，由此构成了全书的命题逻辑结构。就像是一个俄罗斯套娃，也像是一个中国的连环扣，每一环都与另一环紧紧相连。所以，全书被看作是一个完美的整体，也是一个独立的乐章。

那么，《逻辑哲学论》描绘的理想的逻辑世界是由哪些东西构成的呢？让我们来简要领略一下书中的七个主命题：

第一个命题：世界就是所发生的一切；

第二个命题：所发生的一切，即事实，就是事态的存在；

第三个命题：事实的逻辑图像是思想；

第四个命题：思想是有意义的命题；

第五个命题：命题是基本命题的真值函项；

第六个命题：真值函项的一般形式就是命题的一般形式；

第七个命题：对凡是不可说的就必须保持沉默。

根据维特根斯坦的解释和说明，我们可以把它们大致分为四个方面：一是第一和第二命题，提出了关于世界的逻辑构造的逻辑原子主义思想，这就是为什么罗素要把这个哲学的发明权归属于维特根斯坦的原因；二是第三和第四命题，提出了关于命题与世界关系的图像论思想，这被看作是维特根斯坦哲学中最具独创性的部分，这也是我们在前面提到的描述关系；三是第五和第六命题，提出了关于基本命题的真值函项理论，这是维特根斯坦对现代形式逻辑的重要贡献，由此这本书也通常被误解为一本逻辑学著作；四是第七命题，是关于不可说的神秘之物，由于这个命题之下没有任何子命题加以解释（当然也不需要了），所以，对这个命题的理解就变得扑朔迷离，自该书出版后就引起了大家的普遍猜测，以至于这个命题成为人们闭口慎言的最佳理由，"不可说就保持沉默"成为人们解释一切不可解释现象的最好推辞。那么，至于究竟是因为不可说而只能保持沉默，还是因为保持沉默后变得不可说，那就只能是见仁见智了。

1929年初，维特根斯坦在不少朋友的劝说下，经过六年的乡村教书体验，终于认识到了自己之前思想的幼稚，开始改变自己的哲学立场。有趣的是，他的转变是从批评自己的前期思想开始的。他在与维也纳学派成员的讨论中逐渐发现，自己的逻辑图像论和逻辑原子主义虽然在科学上可以站得住，但在日常的经验世界中却不具有任何解释力。所以，他在1929年重返剑桥后做的几件事情，直接反映出他的思想开始出现反转。一个是他提交给亚里士多德学会的会议论文是关于逻辑形式的讨论，基本思想就是《逻辑哲学论》中的观点，但在参会发言时他却临时改了主意，不再讨论逻辑形式问题，而是谈了一个数学中的无限性问题。另一个是他为一个学生团体做的报告，题目是关于伦理学，其中的内容不仅与前期思想无关，而且在一些地方明显表现出对之前观点的批评，强调语言的用法确定语词的意义。还有几件事也是让维特根斯坦转变了自己的想法。一个是他旁听了当时很有影响的逻辑学家布劳威尔关于直觉主义的一场讲座，据说对他有很大的震动，传统逻辑的真假二值设定在他心目中受到了动摇。还有一次是在通往巴黎的火车上，一位朋友与他讨论逻辑形式时用手指在下巴上做了一个动作，并询问他"这个动作的逻辑形式是什么"，维特根斯坦当时无言以答。这些都对他改变哲学立场起到了一些作用。当然，最为明显的事实是，维特根斯坦在从1930年开始的系列讲座中，主要谈论的是感觉、理解、意义、语言用法、规则等等，不再讨论逻辑、句法、真理、命题等。直到他开始撰写被看作他后期思想代表作《哲学研究》，他明确地把自己的前期思想以及传统哲学看作是需要批判的对象，以他新的哲学观念划清与他的过去哲学的界限。这种新的哲学就是转向日常语言用法的语言游戏思想。这被看作是对日常语言用法的回归，但这个回归不是简单地回到日常语言中，而是试图从日常语言用法中找到背后的规则，指明这些规则如何支配日常语言的使用，其中就包括了语言游戏、遵守规则以及由此产生的反对私人语言的论证等。这些都被看作是维特根斯坦后期思想中的主要内容。

关于语言游戏的思想是维特根斯坦后期哲学中最为精彩的部分，也常常被用作他后期哲学的代表理论。据他本人说，这个思想的来源是他观看一场足球比赛。他从中发现，足球的意义就在于它在球场上的运动，在于球员按照比赛规则不停地踢滚和传送。由此，他联想到了语言的使用，认为语言的意义也应当在于它们在实际中的运用，同时，他还从足球运动中发现了规则的重要性。虽然他大量地讨论到各种语言游戏，但并没有给出一个明确的语言游戏定义，因为在他看来，这个概念是无法定义的，我们只能从不同的游戏中感受到它们之间的相似。这样，我们对语言游戏就只能描述而无法解释说明。如果有人问什么是游戏，我们只能向他描述什么是下棋、打球、玩牌等等，然后对他说这些活动以及类似的活动就叫游戏。同样，对语言游戏，我们也只能描述在现实生活中的语言现象，或者可以想象的各种言语行为，但无法确切地说出语言游戏是什么。所以，维特根斯坦把《哲学研究》一书说成是语言游戏的相册，哲学研究的目的就是向人们显示如何正确地玩各种不同的语言游戏。这些都向我们表明，维特根斯坦思想的转变与回归，正是由于他看到了语言游戏的自主性、自明性、多样性以及易变性等等特征，强调语言的意义就在于它的用法，突出遵守规则在语言游戏中的决定性作用，由此清除了人们对私人语言的梦想。当然，最为重要的是，维特根斯坦想要表明的是这样一个观点：语言游戏不过是我们人类生活的一部分，说出语言就是一种活动，也是我们生活形式的一部分。同样，生活形式又限定了语言游戏的社会特征，这样，语言游戏就只能是社会的、公共的，而不是个人的行为。

晚年维特根斯坦主要思考这样三个问题。一个是关于知识和确定性的问题，二是关于颜色问题的哲学思考，三是关于"内在"与"外在"的心理学哲学问题。这些哲学思考的结果都在他去世后由他的学生和朋友们编辑出版了，由此我们才能看到他晚年思想的风貌。关于第一个问题的著作是《论确定性》，第二个是《论颜色》，第三个是两卷本的《心理学哲学遗著》。在这些晚期思想中，最为突出的一个观念是，他明确区分了信念与知识，把确定性归结为信念而非知识，信念应当成为知识的基础，因此作为基础的信念是不应具有不确定的性质。信念只能接受或反对，但无法辩护或反驳；知识则是需要辩护或反驳，而不会无理由地接受或反对。这种对信念与确定性的理解，不仅用于驳斥摩尔对外部世界存在证明的理由，而且为我们重新认识一切知识的基础提供了有力的根据。如果知识的基础是信念，那么，信念的基础是什么？维特根斯坦给出的回答是，任何可以作为基础的东西是无须其他的东西作为其基础的，否则它就不会作为基础。这就是维特根斯坦说的"思想的河床"。一切思想之水都在这个河床上流过，河床提供了思想流动的基础，但河床并不需要其他的基础。

总　序

四　哲学天才的思想遗产

究竟如何评价维特根斯坦的哲学和一生，在西方哲学界和学术界，自他去世之时起就没有停止过争论。无论是否存在"维特根斯坦现象"，还是存在"天才之责任"，维特根斯坦都始终作为传说中的主角备受瞩目。时至今日，这种关注已经不再是哲学家们的一个话题，而是成为一个社会性话题，甚至演变为一种社会关注的传奇人物。不过，在维特根斯坦已经离开这个世界七十三年后的今天，当我们不断谈论这位天才人物的传奇一生，谈论他给这个世界留下的精神财富和思想遗产，依然会引起我们的极大兴趣。普通人或许会通过不同的媒体方式听到他的名字，或许会通过阅读他的传记而了解他的传奇人生，但维特根斯坦真正留给这个世界的最为重要的遗产，不是他作为富二代却散尽财富的神奇传说，也不是他看透人生而自寻死亡的多次尝试，而是他对后来哲学发展的深远影响，是他在现代哲学王国中我行我素的哲学牛仔形象。

说到维特根斯坦思想对当代哲学发展的积极影响，许多评论者都会认为，这是由于维特根斯坦的前后期思想分别导致了维也纳学派哲学和牛津日程语言学派哲学的产生。的确，维特根斯坦的早期思想和前期哲学直接为罗素的逻辑原子主义提供了思想基础和逻辑准备，《逻辑哲学论》中的思想以及维特根斯坦与维也纳小组成员之间的讨论，也直接导致了维也纳学派哲学的最终形成。维特根斯坦后期哲学的基本观念是牛津日程语言哲学思想的主要来源。这些都无可争议地表明，维特根斯坦思想对当代哲学的发展产生了积极的影响。

然而，维特根斯坦对当代哲学的消极影响却鲜为人知。事实上，他对哲学性质的否定性论述，对当代哲学更具有破坏性和摧毁性。这主要表现在，他从根本上改变了传统的哲学观念，彻底破除了传统哲学对哲学性质的规定，甚至摧毁了人们心目中从传统哲学那里得到的已有的哲学形象。我们知道，传统哲学都是以提出问题或建立理论体系作为自己的主要任务，因而哲学的主要工具是概念、判断、推理以及整套的理论原则。同时，传统哲学家们对哲学性质的理解，主要建立在他们所提倡的某种理论主张上，他们并不关心哲学作为一门学科存在的必要性，而是关心如何去保证哲学的存在。相反，维特根斯坦对哲学的规定恰好是要破除这种存在的前提，要让哲学摆脱理论框架的束缚，让哲学回到应当得到的真正的生活之中。所以，维特根斯坦一再强调，哲学不是一套学说，而是一种活动。这种活动，在他前期是指澄清命题意义的逻辑分析活动，在后期则是指语言游戏活动。但无论是哪种活动，维特根斯坦所理解的哲学都完全不同于亚里士多德以来的传统哲学观念，也就是把哲学看作一种理论建构的观念，维特根斯坦是要把哲学看作活生生的实际生活本身。

不仅如此，维特根斯坦还进一步否定了哲学存在的合理性。在他看来，哲学的出现是哲学家们错误使用日常语言的结果。一旦我们正确地使用了语言，我们就会发现，哲学问题并非真正的问题，而不过是一些假象而已。所以，他提出，研究哲学的目的就是要取消哲学，或者说，就是要我们认识到哲学的无用。用他自己的话说，"哲学问题应当完全消失"。① 这个说法听上去会让人困惑,但一旦我们了解了维特根斯坦对哲学的态度,这种困惑就会立即消除了。他说:"哲学是一场反对理智迷惑的战斗。"② 在维特根斯坦看来,这种理智的困惑不仅体现在哲学的形成过程中,也体现在现代文化的主要特征之中,这些特征就是科学思维的理论化、概念化、体系化、模式化。这些特征使得当代文化成为科学思维的表象和符号,因而,追求现象背后的本质、追求多样性之中的统一性,就成为西方文化的主要目的。然而,在维特根斯坦看来,这完全是与人类本性相悖的,也不符合人类生活的实际情况,没有反映人们对语言的正确使用。他认为,一旦我们抛弃了这种思维方式,深入细致地观察具体的语言活动,积极参与到语言游戏之中,我们就会深切地感受到生活之流的运动,就会认识到理论思维的乏力和无用。

值得注意的是,维特根斯坦反对西方文化本质主义,强调语言游戏多样性的思想倾向,在当代西方哲学中得到了积极的响应。出现在20世纪60年代的西方"后现代主义"哲学文化就是以维特根斯坦的语言游戏思想为根据,强调人类语言活动的复杂性和多变性。例如,当代美国著名哲学家罗蒂(Richard Rorty)就把维特根斯坦看作与杜威和海德格尔共同代表的他所谓的不同于传统的"体系哲学"的未来的"教化哲学"的发展方向。③ 在当代语言哲学、心灵哲学、逻辑哲学以及认知科学哲学中,处处都可以看到维特根斯坦思想的影子。

---

① 维特根斯坦:《哲学研究》,陈嘉映译,上海人民出版社2001年版,第133节。
② 维特根斯坦,2001:《哲学研究》,第109节。
③ 罗蒂:《哲学和自然之镜》,李幼蒸译,商务印书馆2003年版,第366页。

不仅在哲学领域，在人类知识和思想表征的其他领域，也可以看到维特根斯坦的影子，无论是以何种形式表现出来的。例如，在宗教学、人类学、历史学以及艺术领域，我们很容易看到维特根斯坦的思想在发挥作用。

虽然当代哲学家们对维特根斯坦哲学在当代哲学发展中的作用毁誉参半，但我们今天之所以还要提及维特根斯坦，还要重新评价维特根斯坦的功过，正是因为维特根斯坦思想的历史价值依然存在。我们知道，历史是不会埋没真正的伟大和英雄。我们相信，是金子总会发光，是英雄总会出现。在历史的废墟下的确埋葬了无数辉煌一时的人物，但能够辉煌永远的人物，总会被从历史的废墟中挖掘出来，而且正是由于这些废墟的存在，这些人物更显珍贵和辉煌。维特根斯坦正是这样的英雄人物，他的存在如同亚里士多德、笛卡尔、康德、黑格尔一样，将会在人类历史长河中被永远铭记。

国际著名的剑桥大学出版社推出了在国际学术界产生广泛影响的《剑桥精要系列》（Cambridge Elements），其中特别出版了《维特根斯坦哲学精要》，由国际著名的维特根斯坦资深研究专家戴维·斯特恩（David G. Stern）担纲主编，邀请国际维特根斯坦研究学者围绕维特根斯坦哲学的不同主题展开系统深入的权威阐释，具有极高的学术研究价值。截至2024年4月，该系列已经出版十四本著作，主题涵盖维特根斯坦的主要著作及其出版、哲学方法、伦理学、中期思想、宗教和美学、与罗素思想的关系以及论音乐等。为了向国内学术界全面展现这套精要系列，西南民族大学哲学学院特别组织翻译了"剑桥维特根斯坦哲学精要"，纳入"西南民族大学外国哲学译

总　序

丛"。我相信，这套中文版精要系列的出版，将会为中文世界的维特根斯坦研究提供权威性的最新研究文献，也会进一步推动国内哲学界对维特根斯坦哲学的深入系统的研究。

编委会嘱托我为译丛撰写一个总序。为了向读者介绍维特根斯坦的生平和思想，提供一些阅读理解本系列中各书主题的历史和思想背景，我根据自己在 2023 年 8 月至 2024 年 1 月在《中国社会科学网》上先后发表的五篇系列小文《维特根斯坦小传》（https://www.cssn.cn/zx/zx_rdkx/），改写为这篇总序。感谢中国社会科学网的责任编辑李秀伟同志的大力支持，感谢中国社会科学网允许我重新使用《维特根斯坦小传》中的部分内容。

是为序。

2025 年 3 月 1 日

摘　　要

　　路德维希·维特根斯坦是20世纪最广为人知的哲学家之一。但是，除了他的早期著作《逻辑哲学论》以外，他的那些已出版的哲学书籍都是在他去世后人们从他留给后人的作品中编辑而成的。维特根斯坦留下的约2万页哲学作品是如何成为一卷卷的出版物的？本"精要"利用大量的档案材料，重构并考察了50多年来维特根斯坦著作的编辑方式，并展示了已出版的那些书籍如何讲述了一个扣人心弦的哲学传承故事。本书的探讨覆盖了维特根斯坦遗作编辑者之间的冲突、他们对维特根斯坦手稿的偏离以及由此产生的其他学术问题，还有编辑者们共有的这段哲学传统——这激发了他们忠实于维特根斯坦并使他的著作可获得且容易理解的愿望。就此而言，本"精要"可被看作是所有已出版的维特根斯坦哲学著作的阅读指南。

　　关键词：分析哲学史；学术性编辑；拉什·里斯；伊丽莎白·安斯康姆；乔治·亨利克·冯·赖特

目　录

导　读 ………………………………………………………… (1)

引　言 ………………………………………………………… (21)

第一章　《哲学研究》的出版 ……………………………… (23)
　　第一节　维特根斯坦遗作的诞生 ……………………… (24)
　　第二节　时不我待 ……………………………………… (26)
　　第三节　准备打字稿 …………………………………… (28)
　　第四节　"不精确但又绝佳的翻译" …………………… (30)
　　第五节　维特根斯坦和安斯康姆 ……………………… (33)

第二章　理解《哲学研究》和《逻辑哲学论》的不同角度 …… (37)
　　第一节　文稿执行人的第一次会议 …………………… (38)
　　第二节　维特根斯坦肖像 ……………………………… (40)
　　第三节　恰当理解维特根斯坦的毕生著作 …………… (42)

第四节　《关于数学基础的评论》多舛的编辑史 …………（45）
　　第五节　《逻辑哲学论》之前的作品 ………………………（48）
　　第六节　历史背景 ……………………………………………（50）

第三章　"中期维特根斯坦" ……………………………………（53）
　　第一节　维特根斯坦和里斯 …………………………………（54）
　　第二节　"初探" ………………………………………………（56）
　　第三节　重返"摩尔卷" ………………………………………（58）
　　第四节　哲学讨论 ……………………………………………（60）
　　第五节　发现《哲学语法》 …………………………………（63）
　　第六节　里斯精彩的共创式编辑 ……………………………（66）

第四章　维特根斯坦文集 ………………………………………（69）
　　第一节　维特根斯坦最后的一些著作 ………………………（70）
　　第二节　把副本保存到康奈尔大学？ ………………………（73）
　　第三节　优美且深刻的评论 …………………………………（75）
　　第四节　维特根斯坦和冯·赖特 ……………………………（78）
　　第五节　保存维特根斯坦的遗作 ……………………………（80）

第五章　迈向学术版的第一步 …………………………………（83）
　　第一节　一次学术非难 ………………………………………（84）
　　第二节　文献学批判Ⅰ：牛津学者和冯·赖特 ……………（86）
　　第三节　文献学批判Ⅱ：牛津和图宾根结盟 ………………（89）

目　　录

　　第四节　图宾根大学维特根斯坦档案馆的瓦解 …………（91）

　　第五节　维特根斯坦著作编辑活动中的"冷战" …………（93）

　　第六节　维特根斯坦传 ……………………………………（95）

第六章　近来的学术版 ……………………………………（99）

　　第一节　挪威维特根斯坦项目 ……………………………（100）

　　第二节　一个睿智的决定 …………………………………（102）

　　第三节　卑尔根大学维特根斯坦档案馆 …………………（104）

　　第四节　维特根斯坦逝世后的半个世纪 …………………（107）

　　第五节　不同的版本，不同的阐释 ………………………（109）

附录一　维特根斯坦遗作概览 ……………………………（112）

参考文献 …………………………………………………………（124）

致　谢 ……………………………………………………………（150）

附录二　维特根斯坦遗作的编辑方法：走向历史的
　　　　　理解（节选）……………………………………（152）

索　引 ……………………………………………………………（164）

译后记 ……………………………………………………………（168）

3

导　　读

徐　强

克里斯蒂安·厄尔巴赫（Christian Erbacher）是德国锡根大学的研究员，曾于2007年至2015年间在卑尔根大学维特根斯坦档案馆（WAB）求学。自2012年开始，厄尔巴赫一直致力于维特根斯坦哲学遗作的文本整理、数字化、维特根斯坦哲学文本编辑历史等主题研究，分别在英国的《哲学研究》、美国的《分析哲学史杂志》、德国的《维特根斯坦研究》以及挪威的《北欧维特根斯坦评论》上发表有关主题论文多篇，出版德文专著二部，英文专著一本。

WAB是目前唯一收集了维特根斯坦全部遗作的档案馆，一直致力于将维特根斯坦哲学遗作数字化，建立网站以便让全世界学者开放获取的工程。卑尔根大学哲学系目前是国际维特根斯坦哲学研究重镇，其"数字维特根斯坦研究"是研究特色。该哲学系主任阿洛伊斯·皮希勒（Alois Pichler）教授是WAB的数字化工程主要负责人。同时，他也是厄尔巴赫在该系求学时的博士论文指导教师。从某种意义上说，厄尔巴赫的研究成果是卑尔根大学哲学系"数字维特根斯坦研究"的主要代表性成果之一。

《维特根斯坦的继承人与编者》（*Wittgenstein's Heirs and Editors*）是厄尔巴赫研究员近年来有关主题的已有研究成果的集大成。

路德维希·维特根斯坦是目前受到国内外哲学界最为广泛地解读和研究的 20 世纪哲学家之一。然而，除了其早期哲学著作《逻辑哲学论》之外，那些以他的名义出版的著作全部是编者从他留给后世的未发表的遗作中编辑和出版而来的，包括《哲学研究》。国内外学界普遍认为《逻辑哲学论》和《哲学研究》是"早期"和"后期"维特根斯坦哲学的主要代表。然而近年来不断有学者指出，这种刻板的印象不仅会有碍于读者对维特根斯坦哲学整体的把握，而且也忽视了维特根斯坦所保存的大量哲学手稿所具有的实质价值。

维特根斯坦留存的约 2 万页手稿是如何以专著的形式相继出版的呢？本书通过广泛地使用 WAB 所整理出来的手稿，不仅重新构建了长达半个世纪维特根斯坦遗作编辑工作的具体框架，而且还对上述编辑工作所采取的具体方法开展了深刻的检验和反思。基于上述工作，本书揭示出那些已经发表出来的维特根斯坦专著，给读者讲述了维特根斯坦哲学是如何得到继承的激动人心的故事。本书涉及的内容包括专著编者间的冲突、编者对维特根斯坦哲学手稿的理解和编辑方法所存在的具体偏差、从编者当中产生的其他学术问题，以及在维特根斯坦遗作编者中所形成的具体哲学传统。上述方面的研究活灵活现地展现出了编者对维特根斯坦哲学的忠诚，以及编者将维特根斯坦哲学文本不仅变得可以获得，而且变得可以理解所付出的毕生心血。因此，本书能够被当作对全部已经出版的维特根斯坦著作的指南来使用。

导 读

中国维特根斯坦研究有百年历史，属于国际维特根斯坦哲学研究重要组成部分。根据张学广的观点，当前中国维特根斯坦哲学研究正处于全面研究阶段。（张学广，2022）中国维特根斯坦哲学研究路径在于文本解读、语境解释、哲学应用以及比较研究。就此而言，中国维特根斯坦哲学研究者并没有太多地关注到维特根斯坦哲学遗作的出版历史以及 WAB 的主要成果，尤其是厄尔巴赫在本书中关注的问题。因此，本书不仅是"数字维特根斯坦研究"等新兴研究领域的重要代表，而且也能够让国内维特根斯坦研究者更多地通过理解维特根斯坦哲学遗作的编辑和出版历史，从而更为客观地理解维特根斯坦哲学的具体发展过程、维特根斯坦所有著作之间的内在和外在的哲学联系。结合我本人对有关主题的研究和本书有关内容，我从如下方面来为读者勾勒出本书主题：

维特根斯坦遗作编辑历史概要

维特根斯坦生前只发表一本约两万五千字的《逻辑哲学论》（简称 TLP）。与已发表文献相比，维特根斯坦遗作体量庞大，包括超过两万页手稿和打字稿。除了 TLP，所有目前已发表著作都是根据其遗作编辑整理出来的。自维特根斯坦 1951 年逝世以来，遗嘱执行者们就忙于编辑和出版这些遗作。因而在这个过程中就免不了出现编辑们的"先入之见"。在我看来，目前存在的对维特根斯坦哲学不同分期部分是受到了遗嘱执行者们在编辑和出版过程中所采取不同编辑策略的影响。

作为维特根斯坦的遗著保管人之一，冯·赖特在整理维特根斯坦手稿过程中编制了一套数字系统，比如，以 101 数字开头的遗作代表维特根斯坦的手稿，以 201 开头的遗作为打字稿，以 301 开头的遗作是口述稿。有时候，某几部分内容被分到同一数字下，以 a，b，c 等字母为代表。广大维特根斯坦哲学研究者们用首字母缩写来引用冯·赖特的分类，例如用 MS 代表"手稿"、TS 代表"打字稿"。

维特根斯坦哲学"著作"有以下几种表现形式：口述、对话、日记、笔记、信件以及讲座等。他的哲学遗作散落在不同地方的不同学者手里。编辑维特根斯坦遗作历史可以追溯到他的遗作保管者，包括伊丽莎白·安斯康姆，冯·赖特和拉什·里斯。他们不仅整理和编辑维特根斯坦哲学遗作，同时他们所对维特根斯坦哲学所提出的阐释也在 20 世纪下半叶逐渐成为"正统"阐释。

厄尔巴赫使用了梯子隐喻来刻画维特根斯坦遗作编辑历史：这些工作可以分为"两轮"，共有"七级"梯子。我在此做简要的介绍。

"第一轮"工作。具体整理和编辑成果从 1953 年 PI 的问世开始，直到 1992 年的《有关心理学哲学的最后著作》（涂纪亮版本全集第 10 卷）第二卷出版为止，前后跨越了四十年。在这个阶段中同时存在着英文版和德文版遗作，其中英文版由牛津布莱克威尔出版社出版发行，德文版由法兰克福苏尔坎普（Suhrkamp）出版社发行。英文版包括《哲学研究》（由安斯康姆和里斯编辑整理，1953 年出版，简称 PI。涂纪亮版本全集第 8 卷）。《论数学的基础》（由冯·赖特、

导　　读

里斯和安斯康姆合作编辑，1956年出版，简称RFM。涂纪亮版本全集第7卷）。《1914—1916年笔记》（由冯·赖特和安斯康姆合作编辑，1961年出版，简称NB。涂纪亮版本全集第1卷）。《字条集》（由安斯康姆和冯·赖特合作编辑，1967年出版，简称Z。涂纪亮版本全集第11卷）。《论确定性》（由安斯康姆和冯·赖特合作编辑，1969年出版，简称OC。涂纪亮版本全集第10卷）。《哲学语法》（由里斯编辑，1969年出版德文版，1974年出版英文版，简称PG。涂纪亮版本全集第4卷）。《哲学评论》（由里斯编辑，1974年出版，简称PB。涂纪亮版本全集第3卷）。《心理学哲学评论》（第一卷，由安斯康姆和冯·赖特合作编辑，1980年出版，简称RPPI。涂纪亮版本全集第9卷）。《心理学哲学评论》（第二卷，同样由安斯康姆和冯·赖特合作编辑，1980年出版，简称RPPII。涂纪亮版本全集第9卷）。《关于心理学哲学的最后遗作》（第一卷，冯·赖特和H·尼曼合作编辑，1982年出版，简称LWI。涂纪亮版本全集第10卷）。《关于心理学哲学的最后遗作》（第二卷，由安斯康姆和冯·赖特合作编辑，1992年出版，简称LWII。涂纪亮版本全集第10卷）。

与此同时，维特根斯坦遗作德文版整编出版工作也在有条不紊地进行。从1960年到1993年，苏尔坎普出版社一共编辑和出版了10本遗作。与英文版遗作相比，德文版主要添加了《路德维希·维特根斯坦与维也纳小组》（1967，简称WVC/WWK。涂纪亮全集第2卷）和《蓝皮书与一种哲学考察（褐皮书）》（1969，简称BBB。涂纪亮全集第6卷）。这两本著作为阐释者们理解维特根斯坦在1930年代的哲学转变提供了重要线索。

"稍晚一轮"整编工作。1989年由苏尔坎普出版社出版了Kristische版本的《逻辑哲学论》（由布莱恩·麦奎尼斯和乔基姆·舒尔特合作编辑，简称TLP。涂纪亮全集第1卷）。1994年到2000年由纽约斯普林格出版社出版了五卷本维特根斯坦遗作：*Ludwig Wittgenstein, Wiener Ausgabe, Vol.1-5*（简称WA）。这个系列主要由迈克尔·内多编辑完成。2000年由剑桥大学出版了卑尔根电子版维特根斯坦遗作（简称BEE）。这个电子版的第一版由只读CD组成，主要内容缘于挪威卑尔根大学维特根斯坦档案馆。2001年由苏尔坎普出版社出版Kritisch-genetische版本的*Philosophische Untersuchungen*（《哲学研究》）。这部著作主要由舒尔特、尼曼、艾克冯·萨维格利和冯·赖特合作整编出版。

在整编维特根斯坦遗作的过程中，整编者编辑方法经历了许多转变。这些编辑者的编辑方法所存在着的差异，是因为受到了他们对于维特根斯坦遗作不同理解的影响。在这三个编辑者之中存在着如下张力：他们对于维特根斯坦遗作内容的理解不同，这是由遗作自身特点所导致，将这些散落的遗作文稿整理和编辑到某个特殊"书名"下面，并且使它们变成一个融贯整体非常困难。因此就有两个后果，很有可能会出现编辑者对遗作原文内容的干预，从而会招致其他读者和阐释者对于编辑干预现象的批评。

维特根斯坦遗作编辑历史的"七个阶梯"

厄尔巴赫使用了梯子隐喻，并且绘制了一幅详尽的图表来展示

导　读

出维特根斯坦遗作编辑工作的"七个阶梯"。在我看来，这里的"梯子"隐喻很有可能是受到了《逻辑哲学论》中的"爬梯"隐喻的启发。总的说来，每一阶梯的工作内容如下：

第一阶梯：编辑《哲学研究》。这个编辑工作存在两个主要问题：没有实现维特根斯坦曾想把 PI 和 TLP 合起来出版的愿望；PI "第二部分"的地位问题。PI 中"第二部分"的出现不是维特根斯坦的原意，而是编辑者安斯康姆和里斯的意思。

第二阶梯：维特根斯坦遗作早期编辑处理方法。第二阶梯标志着遗作保管者们开始从遗作中拣选有关段落和篇章，最后整合成一些具有可读性的书卷。这个阶段有三本著作出版：RFM（1956）、NB（1961）和 BBB（1958）。

第三阶梯：里斯以作者为中心的编辑工作。第三阶段编辑工作的主要成果是维特根斯坦在 1929 年到 1951 年间的哲学文稿。三位遗作编辑者们又有分工：里斯关注维特根斯坦从 1929 年到 PI 第一版之间的哲学文稿、安斯康姆和冯·赖特大部分时间是共同合作编辑维特根斯坦最后版本 PI 以后的哲学文稿。随着编辑工作的开展和深入，整个任务变得越来越复杂和艰难，因此遗作执行者们不得不开始对维特根斯坦遗作进行编辑上的修改，比如合并、拣选、命名。里斯的编辑可以被视为典型。

里斯在编辑工作中对原文的干涉造成了许多张力。里斯对于任何误解维特根斯坦的担忧，是缘于他对维特根斯坦哲学的理解。里斯曾告诉冯·赖特："这点你会同意：你不能告诉某人什么是哲学。好比常在河边走，哪有不湿鞋的道理。因此我们也不可能告诉任何人维特根斯坦的哲学概念是什么,如果他未曾对维特根斯坦所写的东西进行过长期或严肃的研究。"(Erbacher,2015:184)厄尔巴赫总结道:"里斯拥有这样的观点,即对于那些主动跟随维特根斯坦,用维特根斯坦方法来处理哲学问题的人,就会认识和理解维特根斯坦的任何评论,以及对于他们而言维特根斯坦的哲学活动是什么类型的,但是对于那些还没有上维特根斯坦哲学之道的人们,任何对这个方法描述的尝试都是无意义的。"(Erbacher,2015:185)我认为厄尔巴赫对于里斯的理解主要是里斯对于维特根斯坦遗作具体编辑方法。我们只能够通过阅读维特根斯坦著作来理解维特根斯坦哲学研究方法,而编者是为读者提供维特根斯坦著作的客观编辑版本。在编辑者编辑和维特根斯坦原文之间必须有条界限。过多编辑干涉当然会影响甚至会损害读者对维特根斯坦遗作中的哲学思想的理解。

第四阶梯:冯·赖特以文本为起点的编辑方法。与里斯编辑方法相比,冯·赖特的方法就显得自然。"冯·赖特越发相信,当这些文件被展示给维特根斯坦学术团体的时候,它们会自己为自己正名……"(Erbacher,2015:187)因此,与里斯的基于对这些文稿内部理解基础上而重新制作统一著作编辑手法相比,冯赖特的方法旨在保持和展示出文本的原初形式,而且他还借助于提供原始文本的外部信息来对这些文稿进行说明。

冯·赖特在1970年代将维特根斯坦遗作进入公共领域做了不懈努力。这个努力出于两点缘由:维特根斯坦遗作历史意识和原稿的易损性。这个从少数几个遗作执行人到公共领域的转变,也为整个维特根斯坦哲学研究工作的复兴提供了前提。"对于许多在维特根斯坦遗作保管人、执行人和编辑者之外的学者们来说,这个转变促成了维特根斯坦遗作研究的兴起。"(Erbacher,2015:188)

稍后一轮编辑工作。第一轮(第一阶梯到第四阶梯)和稍后一轮维特根斯坦遗作编辑工作的主要区别在于:(1)第一轮编辑者主要是维特根斯坦的学生和友人;(2)后续编辑工作经常是庞大的国际编辑工程。后续维特根斯坦遗作编辑工作更加客观,同时也有更少编辑干预。"这个新一代的学者们早就遵从学术界编辑标准……同时还力图无偏见地将原始手稿或打字稿内容投射到印刷页面之上。"(Erbacher,2015:191-192)新一代编辑方法由电脑技术支持,同时也标志着维特根斯坦遗作到数字化学术时代的演变。

第五阶梯:维也纳版维特根斯坦遗作。维也纳版遗作被称为 WA 版。"WA 从三个不同批判维度将维特根斯坦文稿展示出来:一个维度是从每个页边空白、第三个维度就是脚注。除此以外还包括不同下划线、插入、变体和删除等用不同格式和括号来表示…WA 已呈现许多满足某个印刷的、批判的和学者版本的书卷,但是学术型哲学家们提醒我们可以利用更少资源和更多传统手段来制造出来更加实用、完整版本。"(Erbacher,2015:193)

第六阶梯:卑尔根电子版维特根斯坦遗作(BEE)。BEE 是目前为止最完整的维特根斯坦遗作电子版本。BEE 源于 1975 年康奈尔版。四个挪威的大学曾购买了一份康奈尔微缩胶卷,"在 1980 年,这个小组成员当时还被称为'挪威维特根斯坦工程',想要利用电脑技术使康奈尔微缩胶卷拷贝变得更加易于接近和获得。"(Erbacher,2015:193)1990 年卑尔根大学成立了维特根斯坦档案馆(WAB)。第一版

BEE 于 2000 年出版，包括 6 张只读 CD 光盘。后来随着网络技术发展，BEE 逐渐演变为网络版。广大维特根斯坦哲学爱好者和研究者现在可以免费在线阅览。BEE 同样也被认为是潘多拉魔盒。

第七阶梯：PI 的批判—起源版。舒尔特运用了赫尔辛基版本指导并编辑了批判—起源版 PI。"这个批判—起源版文本包括了一个印刷排字的装置来揭示出下划线、删除和变体。它还展示出维特根斯坦曾对该书形式所持有的不同想法。"（Erbacher，2015：195）

维特根斯坦遗作和编辑的张力

我将从两个方面讨论维特根斯坦遗作的张力：维特根斯坦遗作本身存在的张力；维特根斯坦遗作编辑方法存在的张力。首先，当我们在讨论维特根斯坦遗作内部张力时，我们的焦点是在它的特征上：与维特根斯坦早期缜密的、用数字来表示的哲学著作相比，尤其是 TLP，他的后期哲学著作显得断断续续和语言独特。而这些特征就是导致编辑困难、读者批评和误解现象主要原因。"把维特根斯坦手稿（或是普遍意义上的著作）描述成断断续续、特质或哲学上奇特的无异于把它们（负面地）和某个隐蔽的形式做对比来建构。"（Savickey，1998：346）作为维特根斯坦后期哲学结晶，PI 可以体现所有上述特点。这些特点既可以被积极地理解，也可以消极地被理解，完全取决于读者。

维特根斯坦后期哲学著作（遗作）的特点根植于他从 1929 年以

来所追求和倡导的哲学方法。维特根斯坦哲学方法在 1930 年代经历了一个转变：从"连续的散文"风格到"简短的评论。"两种风格存在许多张力，不仅对于遗作，而且对于编辑和阐释者也是如此。在 1930 年代，尤其是在 1927 年到 1930 年间，维特根斯坦哲学方法仍然是"连贯的"。然而这个阶段和这个方法在阐释者当中长时间被忽视了。我认为有两个主要原因：这个方法并没有在维特根斯坦遗作中直接彰显。它主要展现在魏斯曼遗作中，尤其是《语言分析哲学原理》。(Waismann, 1965) 从目前已出版文献中可以发掘出有关维特根斯坦和维也纳小组哲学互动历史，以及魏斯曼对维特根斯坦思想的传播和阐释。我认为学者对于魏斯曼的忽视还受到了维特根斯坦遗作编辑者的影响。长久以来魏斯曼遗作被视为维也纳小组哲学的一部分。因此魏斯曼的遗作常常和维特根斯坦的遗作分开。幸运的是，里斯和麦奎尼斯从 1980 年代开始关注魏斯曼。如果不能从维特根斯坦遗作中找到任何支持这个"延续性哲学方法"证据，我们可以尝试从魏斯曼的著作中发掘。

在 1930 年代早期维特根斯坦哲学方法就逐渐转向了"评论式"。有关维特根斯坦的"评论式"哲学方法发展的证据可以从萨维基 (Savickey) 对大打字稿和 BBB 的研究中找到。(Savickey, 1998: 350) 如果把 PI 作为维特根斯坦"评论式"风格的例证，我们可以很好理解他的断断续续、文字独特等特质。我还认为在这里对维特根斯坦"评论式"哲学方法正确性进行辩护的工作本身就是偏离目标的。问题在于，我们在多大程度上可以理解维特根斯坦遗作内容？以及，这些遗作在多大程度上可以帮助我们理解维特根斯坦哲学？

大部分维特根斯坦阐释者存在着许多共识。最最明显的就是维特根斯坦哲学思想主要凝结在两部著作中：TLP 和 PI。在这两部著作背后所隐藏的张力就是有关两个不同哲学"视角"的争论，包括方法论上的、风格的、关注焦点方面等。除了这两部著作（就像两极），还存在大量遗作。维特根斯坦哲学著作的"外在"特征根植于他的哲学方法和关注视角。如果对编辑维特根斯坦遗作工作历史进行反思，尤其是那三个编辑者的工作，这些编辑工作指导方针就是基于这些遗作原稿材料本身的"重要性"。在这些编辑工作背后埋藏着一个普遍观念：维特根斯坦的哲学应该是融贯的整体，而这个整体的建构可以通过编辑、出版和研究维特根斯坦遗作来完成。结果就是有关在理解维特根斯坦哲学过程中所产生的争论、误解、混淆和张力被消解了。

维特根斯坦"评论式"哲学方法同样存在着张力。第一，从维特根斯坦遗作中很难对他所讨论的具体哲学主题做出明确区分。通常情况是维特根斯坦的"评论"被勾连和构建成为一组"笔记"。"这些笔记，尽管在印刷纸上看似连贯，实际上很难理解，因为许多论点只是被间接暗示出来。"（Savickey，1998：353）在写作这些"评论"的过程中，维特根斯坦经常对那些旧"评论"进行变更、添加、取消、质疑和增添新"视角"。因此，"没有人可以从中发现'正确'文本。"（Savickey，1998：353）可以从四个步骤来对维特根斯坦处理文稿手法综览：（1）匆忙写下的速写笔记、口袋笔记；（2）对这些笔记分类、修订、节选；（3）口述给他人、通过打字机打出来；（4）校订打印稿内容、重新编排、新的打印稿。维特根斯坦哲学方法所具有的上述特征也使得他的遗作重要性被降低了。第二，对不同读

导　　读

者来说，他们对于"评论式"方法有不同见解。直接后果就是在不同遗作执行者之间存在不同的编辑方法。

维特根斯坦遗作继承人的编辑方法同样存在张力。基于上述有关里斯、安斯康姆和冯·赖特对遗作编辑出版历史的考察，我们可以发现：（1）在所有编辑方法中不可避免的因素就是编辑者的编辑干预现象。"编辑干预"概念指的是对于维特根斯坦原始遗作所做的任何不合理的添加和删减。里斯是最好的例子。这个工作本身就存在着悖论。维特根斯坦遗作本身就有很多特点，而这些特点会很容易误导编辑工作，从而误解维特根斯坦的原意。大部分时间里并不存在一个完整有组织的维特根斯坦遗作。因此，对于编辑者而言，有必要对遗作文本进行编辑干预。另一方面，对于遗作编辑干预的"标准"又存在着张力。遗作整编者们始终面临着一个问题，那就是如何从这些遗作中筛选出有关篇章以此来归入某个主题。而事实上大部分以维特根斯坦为作者的著作都是由编辑者加上去的，并不是维特根斯坦自己的打算。例如以蓝皮书和褐皮书为题的著作本身对于读者来说就显得怪异。客观编辑标准的缺失会非常容易导致主观极端做法。当然，这样还会改变阐释者对于维特根斯坦哲学"著作"概念的理解。

上述三个遗作保管人都曾是维特根斯坦的学生或友人。因此，说他们对维特根斯坦哲学思想的理解要比其他阐释者更加深刻也是令人信服的。然而这个观点同样值得怀疑。这三个保管人不仅仅是维特根斯坦遗作编辑者，而且他们同样也是维特根斯坦哲学研究领域权威。我认为仍然存在着这种可能性：他们也会误解维特根斯坦的思想。我认为必须要做出以下区分：这些编辑者在整编维特根斯坦遗作中所做工作的重要性和他们在各自著作中发表的有关他们各自对于维特根斯坦哲学理解的重要性。很多阐释者已经开始关注这些区分。例如阐释者们曾经对里斯所整编的 RFM 没有足够认识和积极反馈，而这种情形逐渐有所改观。整编者在编辑过程中所表现出来的主观意识同样也会影响我们对于维特根斯坦遗作原文的理解。

当我们在讨论维特根斯坦遗作的七个"阶梯"时，在这些"阶梯"中同样存在张力。主要张力就是大部分遗作保管人曾把维特根斯坦遗作当作"私人财产"，而这种观点逐渐和大众想要把这些遗作进入"公共领域"的愿望相冲突。这个张力主要涉及知识产权法规。维特根斯坦遗作进入"公共领域"的延迟同样也是导致许多误解出现的原因。读者对于维特根斯坦哲学著作的理解有可能被新版本遗作的出版所塑造和影响。例如"第三阶段维特根斯坦"概念在很大程度上就是由 OC 的出版所导致的。

基于维特根斯坦遗作上述张力，一些阐释者会故意忽略这些新出版遗作，把注意力只集中在 TLP 和 PI 上。他们甚至认为这些新文献是让人分神的："对于那些关注目前哲学研究的人是否关心维特根斯坦具体观点的转变和修改，这值得疑问；有些学者会把这个复杂维特根斯坦遗作研究工作当作某种哲学上令人分心的事，而不是某种真正的哲学收获。"（Silva，2015：243）许多解释者们讨论过新出版维特根斯坦遗作的价值，包括从遗作中对于遵守规则的重新思考（Hacker，2010）以及从遗作中重新评估 PI（Venturinha，2010）。在上述七个编辑"阶梯"论述中我倾向于"客观"视角。尽管所有编辑者并不都和维特根斯坦有个人或直接关联，但他们的方法是没有偏见的，且他们对遗作材料并没有任何前见，例如 BEE。

总的来说，维特根斯坦遗作编辑和出版是非常复杂和艰巨的工程。它作为维特根斯坦哲学研究重要组成部分，应该受到国内外学者关注。只有理解维特根斯坦遗作发表历史、编辑方法和存在的张力，才能对维特根斯坦哲学有深刻理解阐释。维特根斯坦遗作编辑历史和张力不应该被忽视和忘却，尤其是里斯、安斯康姆和冯·赖特等人的贡献。

卑尔根大学维特根斯坦档案馆简介

众所周知，维特根斯坦生前曾经多次去挪威旅游，或者叫作"闭关修炼"，他的有些哲学手稿是在那里完成的。1977年在德国图宾根大学召开的维特根斯坦哲学研讨会集中讨论了维特根斯坦的哲学研究方法。参与此次会议的人员包括哲学家、语言学家、计算机专家和出版社代表。这次会议取得了两点共识：（1）维特根斯坦的这种哲学方法不可能以任何方式的"纸质"书籍来呈现，因此必须寻求一种带有"超文本"媒介；（2）所有人都意识到如果要建立一个完整维特根斯坦遗作，首先要做的就是建立一个计算机数据库。

1975年在冯·赖特以及助手的帮助下，包括麦克斯·布莱克，马尔康姆等人，将维特根斯坦遗作制作了一份缩微胶卷拷贝，这份拷贝被存放在康奈尔大学图书馆。这就是后来的"康奈尔缩微胶卷版维特根斯坦遗作"。

随着"康奈尔缩微胶卷版维特根斯坦遗作"的发行和计算机技术的发展，将维特根斯坦遗作转换成电子版的设想也变得可行。1980年由四个挪威的大学购买了一份康奈尔微缩胶卷，它们的目的是想要利用计算机技术使康奈尔微缩胶卷拷贝变得更加易于接近和获得。卑尔根大学作为这个工程的成员之一，从那时起就开始致力于将康奈尔缩微胶卷版拷贝转换成电子文本。这个工作主要是由卑尔根大学哲学系和计算机系教师参与完成的。伴随着这个工作的展开，1990年卑尔根大学哲学系成立了维特根斯坦档案馆（The Wittgenstein Archive at the University of Bergen，简称 WAB）。而卑尔根版本维特根斯坦遗作（The Bergen Electronic Edition，简称 BEE）在 2000 年由牛津大学出版社出版。

BEE 的工作最早是由 WAB 首任馆长克劳斯·惠特菲尔德组织负责的。作为一名哲学家和电脑专家，他亲自设计和开发了一个多元素代码系统（multi-element coding system，简称 MECS）并把原文本转换成为数字形式；而这一版本的 BEE 也被称为"机读版"（machine-readable version）。

WAB 建立的主要目的就是完成广大维特根斯坦研究者们的愿望——将维特根斯坦的哲学遗作全部客观整理和发表出来。这一动机的主要背景就是在维特根斯坦遗作的"第一轮"编辑过程中所产生的问题，尤其是"编辑干预"现象。WAB 的主要任务包括：把维特根斯坦遗作转录为机器可读的形式；研发出可以展示和分析文本的计算机软件；为 WAB 的来访者和卑尔根大学师生提供一个能够获

导　　读

取到机读转录途径的平台；将这些机读转录的结果以 CD-ROM 以及电子摹本形式出版。

WAB 作为目前国际维特根斯坦哲学研究的新阵地，它之所以受到了这么多维特根斯坦专家的青睐，首要原因就是他们的学术产出。WAB 的建立和存在的根基就是它们通过十多年的努力而出版的 BEE。在 2000 年 BEE 出版以后，WAB 的学者们逐渐开始意识到了网络应用和数据库的重要性，同时他们也致力于推动科学研究中的"开放获取"（简称 OA）运动。在 OA 潮流带动下，WAB 逐渐把他们的学术产出免费在线共享。BEE 目前就是一个典型的 OA 平台，全世界维特根斯坦哲学研究者和爱好者都可以通过网络免费获取。

WAB 有自己成熟的科研团队。从 1990 年到 1999 年，先后有将近 50 位成员在 WAB 中工作。同时他们围绕着维特根斯坦遗作的编辑工作召开了 27 次会议。而 WAB 目前的团队是由阿洛伊斯·皮希勒领衔的，由 8 位成员组成。除了 WAB 的成熟团队，他们还和众多国际维特根斯坦研究机构密切合作。

到目前为止，WAB 已经把以下四个方面的维特根斯坦研究文献以超链接的形式整合在一起，初步形成了一个 OA 式网络平台：维特根斯坦知识库（Wittgenstein Repository）。这个知识库主要包括以下几个方面的二手文献：NWR 从创刊到目前的所有论文；国际维特根斯坦论坛会议论文；由 ontos verlag 出版社出版的 ALWS 研究的新系列论文集。而所有这些文献现在都可以免费获得。

从 2006 年开始，WAB 的网络平台设计工作就开始有条不紊地进行着。当然我们应该对 BEE 有一个客观的评价和理解。我认为目前最好的研究维特根斯坦方法就是把 BEE 和纸质版遗作结合起来。"卑尔根版本并不是对已出版文本的替代；它的主要用途是被当作一个非常重要的资源，以此来促进那些以这些文本为源头的研究者和编辑者。BEE 还可以帮助我们编辑整理出新的遗作版本和新的维特根斯坦哲学阐释的著作，因而它对于我们有关维特根斯坦哲学理解的影响会逐渐超出那些目前正在使用它的非常狭窄的研究圈子。"（Stern 2010：464）毋庸置疑，WAB 在国际上已经受到了越来越多的关注。斯特恩、舒尔特、哈克等学者都开始撰文关注 WAB 以及 BEE。

WAB 的研究同时也催生了新兴的维特根斯坦哲学研究。WAB 代表了数字化维特根斯坦哲学研究的发展方向。同时也是作为数字时代下人文社科领域研究的一个非常好的试验田。数字化维特根斯坦研究又和信息哲学密切相联。维特根斯坦和信息哲学的核心关联就是维特根斯坦本人的写作方法，尤其是《逻辑哲学论》。有学者已经指出维特根斯坦的哲学文本的最佳展示方式就是以超文本的形式、以数字化的形式来展示和阅读。而这个工作最终目的是对哲学家的哲学著作形成一个由超链接形成的语义网络。

最后，本书摘要、关键词和参考文献为原书所有，索引为译者添加。

参考文献

Erbacher Christian，"Editorial Approaches to Wittgenstein's Nachlass：Towards a Historical Appreciation", *Philosophical Investigations*, 2015: 38 (3): 165-197.

Hacker. P. M. S., "Robinson Cruse Sails Again: The Interpretative Relevance of Wittgenstein's *Nachlass*", in Venturinha N. ed., *Wittgenstein After His Nachlass*, Palgrave Macmillan: Hamshire, 2010: 91-110.

Pichler Alois, "Towards the New Bergen Electronic Edition", in Venturinha N. ed., *Wittgenstein After His Nachlass*, Palgrave Macmillan: Hampshire, 2010: 157-173.

Stern David, "The Bergen Electronic Edition of Wittgenstein's *Nachlass*", *European Journal of Philosophy*, 2010: 18 (3): 455-467.

Savickey Beth, "Wittgenstein's *Nachlass*", *Philosophical Investigations*, 1998: 21 (4): 345-358.

Silva Marcos, "The *Nachlass* Self-contained: The Textual Genesis of Wittgenstein's *Philosophical Investigations* by Nuno Venturinha", *Nordic Wittgenstein Review*, 2015: 4 (1): 241-245.

Venturinha Nuno, "A Re-Evaluation of the *Philosophical Investigations*", in Venturinha N. ed., *Wittgenstein After His Nachlass*, Palgrave Macmillan: Hampshire, 2010: 143-157.

维特根斯坦,《维特根斯坦全集》(1—12卷),涂纪亮等译,河北教育出版社,2003。

徐强:《卑尔根大学维氏档案馆的研究:历程及影响》,《自然辩证法研究》,2017,33(6):27—31。

徐强：《维特根斯坦遗作：编辑历史、方法与张力》，《重庆理工大学学报》（社科版），2018，32（5）：135—146.

徐强：《信息哲学与"数字维特根斯坦研究"》，《广东外语外贸大学学报》，2019，（2）：125—132.

张学广：《维特根斯坦哲学解释简史》，商务印书馆，2022。

引　言

本书的主题不是路德维希·维特根斯坦的哲学。它要讲的是他的遗作继承人和编者，以及他们如何造就了后来世人所熟知的那些维特根斯坦的后期作品。维特根斯坦生前出版的唯一一部哲学著作是《逻辑哲学论》（在1922年）。1929年，维特根斯坦重新开始哲学写作，并在接下来的21年的时间里写下了20000页的毕生之作。当他于1951年去世时，他把这些哲学著作的版权传给了他的三个学生和朋友。维特根斯坦的遗愿是由他们来出版他们觉得合适的那些作品。这是本"精要"的起点。它概述了从1951年维特根斯坦去世的那一天开始，到2003年他的三位遗著继承人中最后一位去世为止的这段时间里，他的作品在进入公共领域的过程中发生了什么。鉴于在已出版的作品中，对编辑介入（editorial interventions）的介绍并不总是很明显，所以本"精要"中的报告也可以作为维特根斯坦哲学研究的编辑注释。

本书关于事情来龙去脉主要基于维特根斯坦遗著继承人之间的大量通信，他们是：拉什·里斯（Rush Rhees）、乔治·亨利克·

冯·赖特（Georg Henrik von Wright）和伊丽莎白·安斯康姆（Elizabeth Anscombe）。① 我非常有幸地对这些引人入胜的哲学遗产文献进行了十余年的研究。祝愿所有青年学者在阅读和研究中都能有同样丰富的经历。

---

① 厄尔巴赫：《拉什·里斯、伊丽莎白·安斯康姆和乔治·亨利克·冯·赖特的通信集》（下称："厄尔巴赫：《通信》"），第1—39页（Erbacher, 'Letters', 1-39）。

第一章

《哲学研究》的出版

第一节　维特根斯坦遗作的诞生

想象一下，如果你从你的哲学导师那里继承了很多论文，并被告知可以出版你"觉得合适"的那些论文。那你会基于什么标准来决定出版哪些呢？

你会试着考虑你的导师可能会同意出版哪些吗？还是会求助于档案管理员或学术编辑，因为他们会告诉你如何以专业的方式处理你已故导师的作品？如果你选择后者，那你是否会为你的导师指定的是**你**①而非由专业人士组成的机构来做这件事情而感到不安？把这一任务交给专业人士是否符合你导师的意愿？同样地，如果你决定依赖自己的判断，那你应该出版导师的哪些著作，你的理由是否充分？如果你的导师是一位颇有声望的哲学家，那不遵循专业学术编辑推荐的方法是否有点不负责任？但话又说回来，基于你导师的哲学理念，"专业"又意味着什么呢？

当拉什·里斯、伊丽莎白·安斯康姆和乔治·亨利克·冯·赖特于1951年4月成为路德维希·维特根斯坦的遗著继承人后，马上就面临着这样的问题。他们在维特根斯坦的遗嘱里得到这个委托：

---

① 加粗部分为原文斜体强调的内容。——译者注

第一章 《哲学研究》的出版

我将我所有未发表作品、手稿和打字稿的版权，无偿转让给剑桥大学三一学院的 R. 里斯先生、安斯康姆女士和 G. H. 冯·赖特教授，由他们自行处理，但受他人对手稿和打字稿保管权的任何主张的限制。

我希望并期待里斯先生、安斯康姆女士和冯·赖特教授以他们觉得合适的方式出版我未发表的作品，但我不希望他们在出版时承担无法从版税或其他利润里抵扣的费用。[①]

通过这几句话，维特根斯坦希望确保他的笔记（notebooks）、账本（ledgers）、打字稿（typescripts）和剪贴集（collections of clippings）得到妥善处理。学者们把这些大约 2 万页的哲学作品称作维特根斯坦的**遗作**（*Nachlass*）。[②]

到目前为止，全部遗作都有了可供获取的电子版，其中部分内容还以几十卷印刷版的形式呈现出来。[③] 学术环境同样也取得了进展，这使得对维特根斯坦的著作、它们的历史、遗作的结构以及手稿和已

[①] 维特根斯坦的遗嘱，第 3 部分，1951 年 1 月，经正字法标准化；收于：斯特恩：《维特根斯坦哲学的可得性》（下称："斯特恩：《可得性》"），第 454 页（Stern, 'Availability', 454）。

[②] 冯·赖特：《特别增补：维特根斯坦文集》（下称："赖特：《维特根斯坦文集》"），第 483—503 页（Wright, 'Wittgenstein Papers', 483-503）；对此目录的更新已发布于以下地方：冯·赖特：《维特根斯坦》（Wright, *Wittgenstein*）；PO 1993（克拉格、诺德曼合编：《哲学时刻：1912—1951》，1933）；BEE（"卑尔根电子版"）；PPO 2003（克拉格、诺德曼合编：《公开和私下时刻》，2003）以及 www.wittgensteinonline.no. 维特根斯坦著作缩写的含义见"参考文献"中"基于维特根斯坦的遗作、通信和演讲笔记的出版物"一项。以下注释中引用原著的地方，除了第一次出现外，均按照原文保持缩写。——译者注

[③] A. 皮希勒、M. A. R. 比格特、S. A. 塞尔特纳合编：《德英维特根斯坦著作目录》（下称："皮希勒、比格斯、塞尔特纳：《目录》"），第 2—20 页（Pichler, Biggs and Szeltner, *Bibliographie*, 2-20）。

出版著作的批判性比较研究成为可能。因此，下面你将要读到的——从维特根斯坦本人出版其作品的遗愿开始的遗作编辑活动——是一个成就斐然的故事：它反映的是为了使维特根斯坦的作品更容易被获取而展开的一种持续努力。但正如你将会看到的那样，编辑和出版维特根斯坦论著的过程，也是维特根斯坦本人努力使其作品以恰当的方式面世的持续活动。

第二节　时不我待

维特根斯坦于 1951 年 4 月 29 日在剑桥去世。葬礼于次日举行，就是在那个时候，安斯康姆给冯·赖特带来那个令他震惊的消息，即他们两个，再加上里斯，一起被指定为维特根斯坦文稿的继承人。[①] 与冯·赖特不同的是，安斯康姆和里斯曾与维特根斯坦讨论过这个问题。[②] 维特根斯坦在去世前的三个月里一直住在安斯康姆于牛津的家中，并与她合作将他当时正准备出版的一本书翻译成英文。1951 年 2 月，维特根斯坦搬到了他的医生位于剑桥的家里，他在那里告诉里斯"要小心在意出版什么和怎样呈现的问题"。[③] 无论是否受到了维特根斯坦私下的提示，这三位文稿执行人都很清楚，他们的第一个

[①] 赖特：《记忆中的我的生活》（下称："赖特：《我的生活》"），第 158 页（Wright, Mitt Liv, 158）。

[②] 厄尔巴赫：《维特根斯坦以及作为路德维希·维特根斯坦的学生、同事和朋友的文稿执行人——拉什·里斯、乔治·亨利克·冯·赖特和伊丽莎白·安斯康姆》（下称："厄尔巴赫：《文稿执行人》"），第 29—35 页（Erbacher, 'Literary Executors', 29-35）。

[③] 厄尔巴赫：《文稿执行人》，第 30 页。

第一章 《哲学研究》的出版

任务就是出版维特根斯坦为了出版而创作的题为《哲学研究》的打字稿——这是他十六多年来写作的成果。[①]

就在维特根斯坦离世之际,这三个文稿执行人还知道的是,他们不应该推迟《哲学研究》的出版事宜:彼时牛津日常语言哲学正值鼎盛期,20世纪盎格鲁-撒克逊哲学史的编撰工作正在酝酿之中。在这一背景下,许多人认为维特根斯坦的主要工作是阐述了罗素的逻辑原子论,其次是为维也纳小组的逻辑实证主义铺平了道路。人们认为日常语言哲学的一个任务就是弄清楚维特根斯坦在他的诸多讲座和支离破碎的作品中说了些什么。[②] 但里斯、安斯康姆和冯·赖特确信这种看法严重地误读了他们导师的哲学,他们希望阻止读者们产生这种误读。[③] 这就是为什么在维特根斯坦死后仅仅四天里,里斯就匆忙从斯旺西赶到了牛津,他与安斯康姆一起,将维特根斯坦的打字稿带到了布莱克威尔出版社的总部。[④] 该出版社的负责人亨利·肖利克(Henry Schollick)"确实非常渴望拿到这本书"[⑤],而且他还给里

---

① PU 2001, 12-33.(舒尔特与尼曼等人合编:《哲学研究:批判—发生学版》,2001,第12—33页);赖特:《维特根斯坦文集》,第57页;赖特:《我的生活》,第158页。用于印刷的维特根斯坦的打字稿已经丢失了,但还有它的一个版本,即第227a号打字稿。参考本书的以下章节:第一章第三节、第一章第四节、第二章第一节、第三章第二节、第五章第二节和第六章第四节以及附录中的 A.5、A.6 和 A.8。

② 参考厄姆森《哲学分析:它在两战间的发展》(下称:"厄姆森:《哲学分析》"),第106—107、178页(Urmson, *Philosophical Analysis*, pp. 106-7, 178)。

③ 参考赖特《思想自传》,第41页(Wright, 'Intellectual Autobiography', 41);厄尔巴赫、多斯桑托斯·雷斯和荣格:《"路德维希·维特根斯坦"——伊丽莎白·安斯康姆1953年5月的BBC电台谈话》(下称:"厄尔巴赫、多斯桑托斯·雷斯和荣格:《BBC 电台谈话》"),第225—240页(Erbacher, dos Santos Reis and Jung, 'BBC radio talk', 225-240)。

④ 厄尔巴赫和克莱布斯:《编辑维特根斯坦著作的最初九个月:G. E. M. 安斯康姆和 R. 里斯致 G. H. v. 赖特的信》(下称:"厄尔巴赫和克莱布斯:《最初九个月》"),第199页 (Erbacher and Krebs, 'The First Nine Months', 199)。

⑤ 厄尔巴赫和克莱布斯:《最初九个月》,第199页。

斯和安斯康姆提供了另外一个需要迅速采取行动的理由：已经有学者找到他，希望出版维特根斯坦的一些已经在私下里流传了一段时间的授课笔记和口述稿。维特根斯坦真正的文稿继承人为此感到忧虑，于是他们给《心灵》（*Mind*）杂志写了一封信，声明他们独有授权：

他【维特根斯坦】希望并计划出版他的作品，而且他在遗嘱中指定我们为他的文稿执行人。我们正采取立即行动出版他留下来的一本几近完成了的书，它将取代现在正私下流传的那些作品。①

如果维特根斯坦的遗嘱是其遗作的出生证明，那这个声明就是那些被赋予了照料它的任务的人宣布其存在的公告。

第三节 准备打字稿

4 　　维特根斯坦去世后不久，冯·赖特以剑桥大学哲学教授的身份提前退休。他在三年前维特根斯坦退休时才担任了这个职位，但他现在想搬回芬兰。② 与此同时，在安斯康姆于牛津的联排别墅里——维

---

① G. E. M. 安斯康姆、R. 里斯和 G. H. v. 赖特：《声明》（下称："安斯康姆、里斯和赖特：《声明》"），第584页（Anscombe, Rhees and Wright, 'Note', 584）。

② 赖特：《我的生活》，第133—157页。

第一章 《哲学研究》的出版

特根斯坦把他的一些论文留在了这里——里斯和安斯康姆正为《哲学研究》的出版准备着打字稿。他们两人都很熟悉其文本：里斯在 1937 年就阅读过该书最早的版本，他见证了它的发展并与维特根斯坦就它进行过讨论，而安斯康姆则在维特根斯坦的直接指导下把该书的 1945 年最新版从德文译成了英文。[①]

在编辑打字稿以准备印刷时，安斯康姆和里斯想起了维特根斯坦在不同场合告诉过他们的话：他希望这本书包含他在心理学概念的使用方面的最新的研究成果。自 1947 年提前退休后，他在爱尔兰一直在研究这个课题。[②] 现在，里斯和安斯康姆在维特根斯坦留下的诸多论文里发现了另一份打字稿，他们把它当作维特根斯坦在心理学概念研究方面的最新阐述。[③] 安斯康姆认为后面发现的这份打字稿"超越了他曾写过的一切"。[④]他们把它添加到了《哲学研究》中，并在序言中写道："假使维特根斯坦自己出版这本书，他会大大地压缩'第一部分'最后大约三十页的内容，然后再为'第二部分'补充一些材料，把它加工后放在前面那里。"[⑤]

后来，包括冯·赖特在内的学者们都质疑这一言论的可靠性以及把"第二部分"包含在内的决定：没有任何书面的证据能表明维特根斯坦真的打算把它包含在内，更不用说如何把它包含在内了，但

[①] 厄尔巴赫：《文稿执行人》，第 4—8、14—17、25—31 页。
[②] PU 2001, 27-33.
[③] 第 144 号手稿。参考本书的以下章节：第三章第一节、第四章第一节、第五章第二节、第六章第四节和附录 1 的 A.9。
[④] 厄尔巴赫、多斯桑托斯·雷斯和荣格：《BBC 电台谈话》，第 239 页。
[⑤] PI 1953, vi. (G.E.M. 安斯康姆、R. 里斯合编，G.E.M. 安斯康姆译：《哲学研究》，1953，第 vi 页)。

毫无疑问的是，里斯和安斯康姆所做的这个编辑决策对维特根斯坦后期哲学的形象产生了相当大的影响。①

把"第二部分"包含进《哲学研究》中的这个决定，也反映了里斯和安斯康姆是如何理解他们所承担的这个任务的，具体而言，他们会继续塑造这些打字稿，因为他们认为维特根斯坦也会这么做。这种理解也体现在他们对实际存在的手稿的处理方式上：在插入了他们的最终说明后，安斯康姆就把维特根斯坦的手稿带到布莱克威尔出版社进行排版，然后就再也没有人见过这份手稿了。② 这说明里斯和安斯康姆将他们继承来的这些论文看作为了完成维特根斯坦的著作而必须加以使用的材料。他们继续按照他们亲眼见证过的"做哲学"的方式实践着，所以才以他们所设想的维特根斯坦自己可能会做的方式，把维特根斯坦的书拿给出版商。

第四节 "不精确但又绝佳的翻译"

英文学界热切地期待着《哲学研究》，但在维特根斯坦的故乡奥地利却几乎没有人知道它的存在。既然维特根斯坦在剑桥任教超过15年，所以这也不足为奇。③ 但他一直在坚持使用他的母语德语进

---

① 冯·赖特：《〈哲学研究〉"第二部分"的疑难始末》（下称："赖特：《疑难始末》"），第181—192页（Wright, 'Troubled History', 181-192）；斯特恩：《可得性》，第448—449页。
② PU 2001, 8-9。
③ J. 克拉格：《维特根斯坦讲演集：再思》，第11—182页（Klagge, 'Wittgenstein Lectures, Revisited', 11-82）；皮希勒、比格斯、塞尔特纳：《目录》，第20—24页。

第一章 《哲学研究》的出版

行写作。① 这就是为何他要寻找译者并想出版一本双语著作的原因。② 然而，在1938年，没有一位候选译者能提交出令人满意的译作。直到1946年，当维特根斯坦与安斯康姆一起阅读当时的那个版本时，维特根斯坦对安斯康姆将他的想法表达成英文的能力留下了深刻的印象。③

最晚大概到1950年，安斯康姆就已经开始致力于翻译维特根斯坦的书了。为了学习维也纳德语，她在维特根斯坦的安排下，住进了他在维也纳的一位好朋友的家里。④ 安斯康姆在那里待了几个月，有一段时间维特根斯坦也在那里。1950年4月，她和维特根斯坦都回到了英国，而且她把维特根斯坦接到了自己家里，以继续翻译项目。据说《哲学研究》的"第一部分"就是在维特根斯坦的指导下译成的。⑤ 但是，不管在维特根斯坦去世前他们共同译成了多少，这种合作无疑加深了安斯康姆对维特根斯坦作品中的文学品质的理解。尤其是，她发现其中有"一种别样日光般的特质：坚韧、清晰、简洁、生动而严肃"。⑥ 在她看来，这种结合了口语化用语和高雅文学格调的风格，是用英语无法复制的：

---

① 包含维特根斯坦英文写作的手稿有：第139号、第147—151号、第158—161号、第166号、第181号、第301号。
② PU 2001, 19-21.
③ 当时最终选择的是里斯的译本，带有维特根斯坦批注的里斯的译本构成了维特根斯坦遗作的一部分，即第226号打字稿。厄尔巴赫：《文稿执行人》，第7—8、29页。参见本书的第一章第五节、第三章第一节和附录1的A.6。
④ 厄尔巴赫：《文稿执行人》，第29页。
⑤ PGL 1988, xii-xiii（P. T. 吉奇编：《维特根斯坦1946—1947年关于哲学心理学的讲演集》，1988，第xii—xiii页）；J. 泰希曼：《伊丽莎白·玛格丽特·安斯康姆（1919—2001）》（下称："泰希曼：《安斯康姆》"），第2页（Teichmann, 'Anscombe', 2）。
⑥ 厄尔巴赫、多斯桑托斯·雷斯和荣格：《BBC电台谈话》，第233页。

在当代，漂亮的英语总是披着漂亮的外衣；使用口语或俚语只是为了刻意地营造一种粗俗的风格。我想象不出有哪种英语风格能够复现这种德语。①

6 尽管安斯康姆表示她"所能做的，在这种情况下，就只是尽可能用心地提供一个摹本"，但她可能是在努力地追求一种"不精确但又绝佳的翻译"，这种翻译是她从维特根斯坦对《逻辑哲学论》的英语翻译中见识过并深深赞赏的。② 与维特根斯坦就如何用英语表达他的思想的讨论可能教会了她保持开放态度和审慎精神，这是她在维特根斯坦去世后从事翻译工作所需要的。从这种学习经验中诞生的第一批成果的典范，就是她对由她和里斯选定的《哲学研究》"第二部分"的评论的英语翻译。

在准备此书两个部分的译稿的过程中，安斯康姆不知疲倦地寻找改善译作的方法，一直到1953年该书付梓当天。该书面世后，她继续进行着改善的工作，她剔除了美国版中的错误，并发布了一份勘误表。③ 安斯康姆最终的成果极令人信服，以至于她的翻译"被普遍接受，仿佛它就是维特根斯坦自己的话（ipsissima verba）"。④

---

① 厄尔巴赫、多斯桑托斯·雷斯和荣格：《BBC 电台谈话》，第 238 页。

② 安斯康姆：《维特根斯坦〈逻辑哲学论〉导论》（下称："安斯康姆：《维特根斯坦〈逻辑哲学论〉》"），第 17 页（Anscombe, *Wittgenstein's Tractatus*, 17）。

③ 安斯康姆：《致冯·赖特的信》，1953 年 5 月 17 日（Anscombe, 'Letter to von Wright', 17th. May 1953）；安斯康姆：《关于维特根斯坦〈哲学研究〉英文版的声明》（下称："安斯康姆：《关于英文版的声明》"），第 521—522 页（Anscombe, 'Note on the English Version', 521-522）。

④ 肯尼：《维特根斯坦编辑简史》（下称："肯尼：《简史》"），第 342 页（Kenny, 'Brief History', 342）。

第一章 《哲学研究》的出版

第五节 维特根斯坦和安斯康姆

伊丽莎白·安斯康姆——其父母分别是教师和校长[①]——年轻时读了一本19世纪耶稣会士所著的名为《自然神学》的书,之后就开始对哲学产生兴趣。[②] 1937年,18岁的她开始在牛津的圣休学院学习古典学和哲学。[③] 她已经在期末考试中展现出对哲学问题的非凡的把握能力,但直到后来在维特根斯坦的课上,她才产生一种——用她自己的话说——最初的哲学困惑的"核心要害"(central nerve)被"提取出来"(extraction)的感觉。[④]相应地,维特根斯坦也很看重安斯康姆,认为她是他曾经教过的最优秀的学生之一。[⑤]

在获得剑桥大学纽纳姆学院的奖学金后,安斯康姆参加了维特根斯坦在"二战"期间长时间休假回来后的大部分讲座,并与他进行课外的哲学讨论。然后安斯康姆开始学习德语,她回忆道:

> 我告诉了维特根斯坦,他说:"噢,我非常高兴,因为如果

[①] 关于安斯康姆的生平,可参考:Teichman, Jenny (2017). 'Anscombe, (Gertrude) Elizabeth Margaret (1919-2001), philosopher | Oxford Dictionary of National Biography'. Oxford Dictionary of National Biography (online ed.). Oxford University Press. doi: 10.1093/ref: odnb/75032. ——译者注

[②] 安斯康姆:《G.E.M.安斯康姆哲学论文集(第二卷)·形而上学和心灵哲学》(下称:"安斯康姆:《形而上学》"),第 VII 页(Anscombe, *Metaphysics*, VII)。

[③] 泰希曼:《伊丽莎白·安斯康姆的哲学》(下称:"泰希曼:《安斯康姆的哲学》"),第1—9页(Teichmann, Philosophy of Anscombe, 1-9)。

[④] 安斯康姆:《形而上学》,第 xiii—ix 页。

[⑤] WC 2012, 374. (麦奎尼斯编:《维特根斯坦剑桥书信集:1911—1951》,2012,第374页)

你学了德语，我就可以把我的书拿给你阅读。"这正是我所希望的，它激励着我坚持了下去。我们一起阅读了弗雷格的《算术基础》的引言。他对我理解句子结构的能力大为惊叹。他说这是我在拉丁语上接受训练的成果，这无疑是对的。但是，我对他如此赞赏这样一项很基础的技能感到错愕，因为我坚信人们需要极大的能力和艰深的思考才能避免在他的讲座中陷入可怕的困境，相比于此，前者只是才智的一种非常轻微的体现。我们最终阅读了《哲学研究》的前半部分；我记得当我告诉他我读到了第 35 节并且觉得它令人迷醉——事实确实如此——时，他由衷地感到高兴。我们在阅读的时候还讨论了如何翻译它的问题——他解释词语的意义，我则提出一个英语的翻译方式，对此他总是非常热情。①

维特根斯坦在 1947 年提前退休，安斯康姆则继续与他讨论和合作。② 她认识到，我们不应该仅仅把弗雷格的作品看作对维特根斯坦产生了影响的其中一个因素，而是必须把它理解为《逻辑哲学论》的那个历史背景，并且，以弗雷格为导向的对《逻辑哲学论》的理解又成为理解《哲学研究》的背景。③ 后来，她捍卫着这种解读，并将其置于哲学史长河的语境中。对她而言，维特根斯坦的确是一位伟大的哲学家——与过去最伟大的哲学家不相上下。④ 她告诉她的女

---

① 厄尔巴赫：《文稿执行人》，第 29 页。
② 厄尔巴赫：《文稿执行人》，第 25—31 页。
③ 安斯康姆：《维特根斯坦〈逻辑哲学论〉》，第 12—20 页；厄尔巴赫、多斯桑托斯·雷斯和荣格：《BBC 电台谈话》，第 229 页。
④ 安斯康姆著，吉奇、戈尔马利合编：《从柏拉图到维特根斯坦》（下称："安斯康姆：《柏拉图到维特根斯坦》"），第 xiii—xx 页（Anscombe, *Plato to Wittgenstein*, xiii-xx）。

第一章 《哲学研究》的出版

儿,正是通过与他一起散步和交谈,她才认识到古代的那些伟大的哲学家的重要性。① 她早期的著作就展现了她是如何把古代的哲学家们——比如巴门尼德或亚里士多德——的问题与她从维特根斯坦思想那里学到的东西、连同对她那个时代的哲学分析相融合的。②

---

① 安斯康姆著,吉奇、戈尔马利合编:《从柏拉图到维特根斯坦》(下称:"安斯康姆:《柏拉图到维特根斯坦》"),第 xiii—xx 页(Anscombe, *Plato to Wittgenstein*, xiii-xx)。
② 安斯康姆:《过去的实在性》,第 38—59 页(Anscombe, 'Reality of the Past', 38-59);安斯康姆:《亚里士多德》,第 1—63 页(Anscombe, 'Aristotle', 1-63)。

第二章

理解《哲学研究》和《逻辑哲学论》的不同角度

第一节　文稿执行人的第一次会议

当安斯康姆全神贯注于翻译工作时，里斯和冯·赖特开始仔细查阅他们继承来的文稿，想要解决下一步应该出版什么的问题。他们很清楚，《哲学研究》是继《逻辑哲学论》之后维特根斯坦的第二部重要作品，它在他的遗作中占据着独特的位置。① 但同样明显的是，他们也应该出版遗作中的其他部分。② 有几个备选项：

首先是1929年的一本账本，写就于维特根斯坦回归哲学写作的这一年。③

其次，同样作为维特根斯坦文库继承人的里斯，从三一学院收到了一个盒子，他原以为里面是维特根斯坦的一些书籍。然而，当他在1951年12月打开这个盒子时，他发现里面有一些小型的笔记本和较大的账本，上面都是维特根斯坦亲笔写的东西。④ 然后他回忆起维特根斯坦"过去常在口袋里放一些小本子；他在这些本子上做的一些笔记至少有一部分会被抄录，或在修改后写在大

---

① 赖特：《维特根斯坦文集》，第501页。
② 里斯：《与肯尼的通信》，1977年3月2日，收于厄尔巴赫《"坏"编辑语文学的"好"哲学理由？里斯和维特根斯坦的〈哲学语法〉》（下称："厄尔巴赫：《哲学理由》"），第116—117页（Rhees, 'Correspondence with Kenny', 2nd. March 1977, published in Erbacher, 'Philosophical Reasons', 116-117）。
③ 第209号打字稿，收于PB 1964（里斯编：《哲学评论》，1964），第一版英文版是：PB 1975（里斯编，哈格利夫斯和怀特译：《哲学评论》，1975）。参见本书的以下章节：第二章第三节、第三章第三节、第三章第四节、第三章第五节、第四章第二节、第四章第五节和附录1的A.2。
④ 里面可能包含第125号手稿。参见本书的以下章节：第二章第三节、第二章第四节和附录1的A.7。

第二章　理解《哲学研究》和《逻辑哲学论》的不同角度

本子上。"① 里斯在这里面发现了维特根斯坦在 1942—1943 年去斯旺西拜访他时写下的关于数学的评论。但是手稿中的日期表明这些材料的时间跨度为 1932 年至 1947 年。里斯立即确信应该把这些材料整理成一本书，但在此之前需要经过仔细研究。

第三，文稿执行人得知还有一些维特根斯坦的著作被保存在奥地利。与里斯的探究同步，冯·赖特开始与住在维也纳的维特根斯坦的姐姐玛格丽特·斯通巴罗（Margarete Stonborough）进行交流。出于对这些文稿执行人为纪念她的弟弟所做的一切的感激之情，她邀请他们去奥地利。② 冯·赖特于 1952 年初夏先行抵达，维特根斯坦的姐姐向他展示了维特根斯坦在"一战"期间当兵时的笔记本。③ 战争爆发后，维特根斯坦在奥地利军队里当志愿兵，但他继续做着在他还是罗素和摩尔的学生时所开始的哲学工作。④ 因此，在这些战时笔记中，冯·赖特可以看到一些通往《逻辑哲学论》的思想轨迹。更重要的是，斯通巴罗夫人还给他展示了另一篇手稿，上面写着维特根斯坦题刻给她的一句话"1936 年圣诞节的一份薄礼"。⑤ 这份手稿竟

---

① 赖特：《与里斯的通信》，1951 年 12 月 16 日，收于厄尔巴赫和克莱布斯《最初九个月》，第 225—227 页。
② 冯·赖特：《我的生活》，第 175—178 页。
③ 第 101—103 号手稿，收于 TB 1961（冯·赖特、安斯康姆编，安斯康姆译：《战时笔记：1914—1916》，1961）。参见本书的以下章节：第二章第五节、第四章第二节、第四章第三节、第四章第五节、第五章第四节、第五章第六节和附录 1 的 A.1。
④ 赖特：《路德维希·维特根斯坦：传略》（下称："赖特：《传略》"），第 531—535 页（Wright, 'Biographical Sketch', 531-535）；麦奎尼斯：《维特根斯坦的一生：青年路德维希（1889—1921）》（下称："麦奎尼斯：《青年路德维希》"），第 204—266 页（McGuinness, *Young Ludwig*, 204-266）；参考皮尔奇《维特根斯坦〈原逻辑哲学论〉中的演进》（下称："皮尔奇：《演进》"），第 101—154 页（Pilch, 'Frontverläufe', 101-154）。
⑤ 第 142 号手稿，衬页。

然是第一版《哲学研究》中 188 个段落的精致手抄本，该版本是维特根斯坦于 1936 年冬天在挪威的斯克约登写就的。①

在安斯康姆和里斯到奥地利与冯·赖特碰了面之后，他们考虑把所有这些材料——虽然它们只是遗作中的一小部分——都进行出版。② 三位执行人暂住在维特根斯坦家族豪华的托斯卡纳别墅（Villa Toscana）里。他们在这里进行了为期十天的会议，并决定下一本书应该推出维特根斯坦关于数学基础的文稿。由于维特根斯坦对这一主题的思想经历了漫长的发展，所以他们首先在里斯从三一学院收到的材料中挑选评论。这是里斯、安斯康姆和冯·赖特大约每年一次在剑桥或牛津举行的许多"编辑会议"中的第一次。③

第二节　维特根斯坦肖像

在文稿执行人准备出版《关于数学基础的评论》之前，他们还需要修订《哲学研究》的校样。于是冯·赖特协助校对，安斯康姆则不断地改进她的翻译，直到这本书于 1953 年 5 月出版。④

与此同时，文稿执行人获悉了更多的维特根斯坦的著作。例如，他们收到了一些"一战"前的材料，其中包括学生时代的维

---

① 第 142 号手稿，收于 PU 2001，51—204。参见本书的以下章节：第二章第四节、第三章第二节、第六章第四节和附录 1 的 A.5。
② 冯·赖特：《我的生活》，第 175—178 页。
③ 厄尔巴赫：《通信》，第 1—36 页。
④ 赖特：《致安斯康姆的信》，1953 年 5 月 17 日。

第二章　理解《哲学研究》和《逻辑哲学论》的不同角度

特根斯坦所编的一份手稿以及他于1913年在斯克约登向摩尔口述的一个文本。① 冯·赖特对这些作品如何能进一步地揭示《逻辑哲学论》的起源非常感兴趣，同时也在思考怎样以最好的方式出版它们。②

除了这种历史性关切之外，文稿执行人还不得不处理有关维特根斯坦生平方面的报告。以维特根斯坦为主题的许多期刊文章一方面提供了关于他的一些新颖且有趣的生平事实，但另一方面也会扭曲文稿执行人所了解的这个人的形象。③ 只要有错误的言论曝光，安斯康姆就会立即发表更正声明，而冯·赖特想的则是自己撰写一部维特根斯坦传记。④ 正是在这个时候，后来的诺贝尔经济学奖得主弗里德里希·奥古斯特·冯·哈耶克（Friedrich August von Hayek）——他是维特根斯坦的远房表亲——突然联系冯·赖特，告知说他计划撰写一部维特根斯坦的传略。⑤

哈耶克从维特根斯坦在奥地利和英国的亲密朋友那里获得了一些年表和文件，其中就包括作为其传记支柱的维特根斯坦

---

① 第301号手稿，收于 TB 1961，107—118［AM 1961（冯·赖特、安斯康姆编，安斯康姆译：《对摩尔的挪威口述笔记》，1961）］。
② 赖特：《与安斯康姆的通信》，1953-1960（Wright, 'Correspondence with Anscombe', 1953-1960）。
③ 克兰斯顿：《一个哲学家的肖像》（下称："克兰斯顿：《肖像》"），第495—497页（Cranston, 'Bildnis', 495-497）；费拉特·莫拉：《维特根斯坦还是毁灭》（下称："费拉特·莫拉：《毁灭》"），第489—495页（Ferrater Mora, 'Destruktion', 489-495）；加斯金、杰克逊：《路德维希·维特根斯坦》，第73—80页（Gasking and Jackson, 'Ludwig Wittgenstein', 73-80）；参考格朗德、弗拉沃斯编《画像》［Ground and Flowers (eds.), Portraits］。
④ 安斯康姆：《致编辑的信》（下称："安斯康姆：《致编辑》"），第97—98页（Anscombe, 'To the Editor', 97-98）。
⑤ 哈耶克：《弗里德里希·奥古斯特·冯·哈耶克〈路德维希·维特根斯坦传〉的草稿：文本和经历》（下称："哈耶克：《传记草稿》"），第9—26页（Hayek, Draft Biography, 9-26）。

10　与罗素的通信。① 哈耶克很快就完成了初稿的撰写，然后四处分发请人评论。② 然而事情并未朝着他所预期的那个方向发展；在几个文稿执行人和维特根斯坦的姐姐玛格丽特阅读了初稿后，他们一致认为应该阻止哈耶克的传记计划。他们认为维特根斯坦会厌恶这样一本涉及他的私人生活且又与他的哲学工作没有真正关联的传记。因此，文稿执行人不允许哈耶克在他们未出版维特根斯坦写给罗素的信件之前引用它们。这样他们就阻止了哈耶克的计划。

　　哈耶克自己可能也意识到，他开启的这项工作所需要的研究任务远比他最初所设想的多。③ 但是，他收集起来的材料对后来的传记作者来说非常有价值。事实上，不久之后当冯·赖特自己写传记时就使用了这些材料。④ 与哈耶克的初稿相比，冯·赖特的记述受到了包括玛格丽特·斯通巴罗和哈耶克在内的许多人的赞赏，并很快成为该领域的经典之作。⑤

第三节　恰当理解维特根斯坦的毕生著作

　　到 1953 年春季《哲学研究》即将在英国面世的时候，距离文稿

---

　　① 维特根斯坦通信全集收于：科达、希特隆等编：《通信全集——因斯布鲁克电子版》（第二版），（GESAMTBRIEFWECHSEL, 2011）。
　　② 哈耶克：《传记草稿》，第 28—82 页。
　　③ 哈耶克：《传记草稿》，第 86 页。
　　④ 赖特：《传略》，第 527—545 页
　　⑤ 厄尔巴赫：《第一部维特根斯坦传及其为何没被发表》（下称："厄尔巴赫：《第一部维特根斯坦传》"），收于哈耶克《传记草稿》，第 20—21 页（Erbacher, 'First Wittgenstein Biography', 20-21）；参考布罗德《评诺曼·马尔康姆的〈回忆维特根斯坦〉》（Broad, 'Review'）。

第二章　理解《哲学研究》和《逻辑哲学论》的不同角度

执行人在奥地利的会面已经过去了近一年的时间，他们正是在这次会面时决定，接下来要出版的内容应该包括维特根斯坦关于数学基础的评论。在这一年里，安斯康姆的丈夫彼得·吉奇（Peter Geach）阅读了1929—1930年——这是维特根斯坦重新开始哲学写作的第一年——的账本。① 在维特根斯坦去世时，这本账本由G. E. 摩尔保存着，而他应该将其交给维特根斯坦的文稿执行人。② 摩尔于1951年将其交给里斯，此后文稿执行人将其称为"摩尔卷"（Moore volume）。在阅读了"摩尔卷"之后，吉奇敦促文稿执行人将其出版。③ 冯·赖特随后重新阅读了这本账本，并同意他们接下来应该出版"摩尔卷"：

>"摩尔卷"（M-V）在多个方面上展现的是《逻辑哲学论》时期的维特根斯坦和《哲学研究》时期的维特根斯坦之间的一个"中间态"（a 'middle case'）。从这一个角度来看它往往会很有意思，因为它一方面是对之前作品的阐明，另一方面又预示了从《蓝皮书》开始的后期思想。另一个使它让人感兴趣的点是，它花费相当大的篇幅讨论了某些论题，而据我所知，维特根斯坦并未在任何其他地方就这些论题写过什么。（视觉空间几何，递归证明，或然性——但就此他在《逻辑哲学论》中也谈论过。）④

---

① 第209号打字稿，收于PB 1964，第一部英文版是PB 1975。参见本书的以下章节：第二章第一节、第三章第三节、第三章第四节、第三章第五节、第四章第二节、第四章第五节和附录1的A.2。

② PB 1964，"编者的话"；WC 2012，435-436。

③ 厄尔巴赫、荣格和赛贝尔：《维特根斯坦〈哲学评论〉编辑日志》（下称："厄尔巴赫、荣格和赛贝尔：《日志》"），第107页（Erbacher, Jung and Seibel, 'Logbook', 107）。

④ 赖特：《与安斯康姆的通信》，1953年4月4日，收于厄尔巴赫、荣格和赛贝尔《日志》，第107页。

但是，里斯反对这个想法：

> 它经常会表达一些似乎会助长当前的那些对维特根斯坦的误解的观点，并阻碍人们理解他后期的一些学说。我之所以说它会造成阻碍，是因为我认为有很多人更乐于接受这里的论述，而不是那些后期的；这样的读者不会——或可能不会——认识到他在这里的立场与他之后的立场之间的差距，而是会根据这里的论述来理解他后来的陈述。①

里斯认为，编辑过的书籍可能会在读者们中造成误解，他的这种担心在很多层面上决定了他之后多年从事编辑工作的动机。早在1953年，他就坚持认为他们应该暂停"摩尔卷"的编辑工作，取而代之的是继续"挖掘"维特根斯坦关于数学基础的后期工作，以便先为维特根斯坦的毕生工作提供一个完整图景。② 冯·赖特也深信这一点，他还清楚地记得，1939年他在教室里坐着，正好目睹了维特根斯坦与阿兰·图灵之间的智力较量。③ 更重要的是，他知道1911年维特根斯坦最初开始哲学思考的兴趣点就是作为数学基础的逻辑哲学，而布劳威尔（L. E. J. Brouwer）关于基础性危机的讲座则是维特根斯坦在1929年重返剑桥的决定性

---

① 赖特：《与里斯的通信》，1953年4月22日，收于厄尔巴赫、荣格和赛贝尔《日志》，第108页。
② 赖特：《与里斯的通信》，1953年4月22日，收于厄尔巴赫、荣格和赛贝尔《日志》，第108页。
③ 赖特：《我的生活》，第77页；1939年的讲演收于：LFM 1976（戴蒙德编：《维特根斯坦1939年剑桥关于数学基础的讲演》，1976）。

第二章 理解《哲学研究》和《逻辑哲学论》的不同角度

要素。① 所有这些的结果就是，维特根斯坦在剑桥的许多讲座里都涉及有关数学哲学的问题。② 所以，文稿执行人再次决定，接下来将要开展的工作是编辑维特根斯坦的《关于数学基础的评论》，从而以一种恰当的方式体现这一著作对于他们前导师的重要性。③

第四节 《关于数学基础的评论》多舛的编辑史

直到20世纪30年代初期，也就是在《哲学研究》的第一版产生之前，维特根斯坦还计划着将他对数学基础的评论作为他未来的这本书的第二部分。④ 他就此写了很多东西，并不断地进行着修改，直到1944年，在这一年，他停止了对这一主题的进一步阐述，同时将注意力转向了心理学的概念。⑤

在文稿执行人看来，关于数学基础的所有文字材料整体上显得并不适合出版。除了一份组织得相当不错的打字稿——维特根斯坦

---

① 赖特：《传略》，第529—532、537页；麦奎尼斯：《理解维特根斯坦：论文集》（下称："麦奎尼斯：《理解》"），第178—179页（McGuinness, *Approaches*, 178-179、190）；参考施塔德勒《维也纳小组研究：逻辑实证主义的起源、发展与影响的背景研究》（下称："施塔德勒：《维也纳小组》"），第449—450页（Stadler, *Wiener Kreis*, 449-50）。
② 克拉格：《维特根斯坦讲演集：再思》，第26—82页。
③ RFM 1956（赖特、里斯、安斯康姆合编，安斯康姆译：《关于数学基础的评论》，1956），参考赖特《传略》，第501—502页。
④ 第213号手稿，收于Will（《维也纳版维特根斯坦全集第一卷：哲学评论》，1994）和BT 2005（卢克哈特、奥伊编、译：《大打字稿：第213号打字稿》，2005）。参见本书的第三章第五节、第五章第一节和附录1的A.3。
⑤ PU 2001, 19-25.

原本打算把它当作他计划在 1938 年出版的《哲学评论》的 "第二部分"，就再也没有哪怕一份清晰可辨的文本可以算作是基本完成了的。因此，文稿执行者们开始从维特根斯坦写就于 1937 年到 1944 年间的文稿中搜集材料，凑成一册。① 他们决定将一些片段整个地保留在这本书中，同时再从其他地方摘录一些片段放进来。对于里斯和冯·赖特而言，这一策略要求他们各自键入一部分选定的材料，对于安斯康姆而言就是要把所有材料都翻译成英文。

然而，在这项编辑工作的一开始，安斯康姆就已经感到犹疑，因为她认为很多枯燥重复的内容并未从材料里删掉，而另一些在她看来必不可少的评论又未被包含进去。② 同样，冯·赖特也不断地被他们是否在做"正确的事"这一问题折磨。③ 除此之外还有一些实践方面的问题：冯·赖特要处理的手稿是质量很差的照片，他艰难地劳作，却只是为了破译其中的内容，而且，对不常见的数学符号的艰难排版工作似乎也需要没完没了地校对。④ 尽管面临种种挑战，里斯仍坚信该书是防止人们对维特根斯坦的整个哲学产生严重误解的必要保障。

文稿执行者们就这样持续进行了三年的编辑工作，《关于数学

---

① 第 221—224 号打字稿，第 117 号、121—122 号、124—127 号和第 164 号手稿，它们皆被收入 RFM 1956（冯·赖特、里斯、安斯康姆合编，安斯康姆译：《关于数学基础的评论》，1956）。

② 赖特：《与安斯康姆的通信》，1954 年 7 月 4 日，收于厄尔巴赫《维特根斯坦遗作的编辑思路：朝着历史性理解的方向》（下称："厄尔巴赫：《思路》"），第 175 页（Erbacher, 'Approaches', 175）。

③ 赖特：《与安斯康姆的通信》，1955 年 1 月 2 日，收于厄尔巴赫《思路》，第 175 页。

④ 赖特：《与安斯康姆的通信》，1954—1956。

第二章　理解《哲学研究》和《逻辑哲学论》的不同角度

基础的评论》最终于 1956 年出版。① 但是，他们对这本书的多舛编辑史还在持续着。这本书在哲学界基本上没引起注意，② 而且还受到了一些严厉的批评，打头的就是一篇来自维特根斯坦最珍视的学生之一、数学家乔治·克莱塞尔（Georg Kreisel）的评论，他下结论说：

> 我不喜欢读这本书。当然，我不知道十五年前我会对其有何感想；但我现在认为，它是从一个杰出的头脑里产生的一个令人惊讶地微不足道的产物。③

即使在今天，似乎也没有多少人对维特根斯坦关于数学基础的评论的理解，能达到文献执行人希望造就的那种深度。④ 这很可能要部分地归因于这本书的形态，因为相比于后来出版的维特根斯坦的书，它最像是剪切拼凑的结果。事实上，冯·赖特后来认为它是最需要修订的一本书。⑤ 但有意思的是，该书仍然是唯一一本由三位文稿执行人共同担任编辑产生的作品。

---

① RFM 1956.
② 参考赖特《与里斯的通信》，1962 年 9 月 4 日、5 日，收于厄尔巴赫、荣格和赛贝尔《日志》，第 114—121 页。
③ 克莱塞尔：《维特根斯坦的〈关于数学基础的评论〉》（下称："克莱塞尔：《数学基础》"），第 158 页（Kreisel, 'Foundations of Mathematics', 158）。
④ 一部大体量的新版注疏正在准备当中；参见穆尔霍尔泽《数学需要基础吗？对维特根斯坦〈关于数学基础的评论〉第三部分的评论》（下称："穆尔霍尔泽：《评论》"），第 1—102 页（Mühlhölzer, *Ein Kommentar*, 1-102）。
⑤ 赖特：《与里斯的通信》，1972—1973；参考肯尼《简史》，第 342 页。对此书的修订版已在 1974 年面世（即 RFM 1974；1978）。参见本书的第五章第二节。

维特根斯坦的继承人与编者

第五节 《逻辑哲学论》之前的作品

在编辑《关于数学基础的评论》这段时间里，安斯康姆和冯·赖特的通信交替地传递着两种情绪：其一是因编辑工作中遇到的许多技术问题而感到沮丧，其二是讨论《逻辑哲学论》时的振奋。①

在冯·赖特于1954年忙着键入他所负责的那一部分关于数学的评论期间，他还在康奈尔大学讲授关于《逻辑哲学论》的课程。② 此行他是受了诺曼·马尔康姆（Norman Malcolm）的邀请——他们于1939年在维特根斯坦的课上相遇，然后在1947年维特根斯坦最后的课上再次相遇并在此时成为朋友。此时，马尔康姆（与马克斯·布莱克和约翰·罗尔斯一起）参加了冯·赖特的课程，使之成为一次"令人振奋的经历"。③ 安斯康姆也在牛津准备有关《逻辑哲学论》的讲座。④ 她和冯·赖特在给彼此的信件中分享着重新探索维特根斯坦早期作品的喜悦心情，同时就一些解释方面的问题表达着意见，有时甚至会陷入激烈的争辩。⑤

---

① 赖特：《与安斯康姆的通信》，1954—1956。
② 赖特：《我的生活》，第186—189页。
③ 赖特：《与安斯康姆的通信》，1954年6月4日。赫尔辛基大学的冯·赖特和维特根斯坦档案馆保存了该课程参与者的一份名单。
④ 参考安斯康姆《维特根斯坦〈逻辑哲学论〉》，"致谢"部分。安斯康姆在牛津和剑桥的讲演目录可在以下网站获取：www.unav.es/filosofia/jmtorralba/anscombe/.
⑤ 他们讨论得最激烈的一节是《逻辑哲学论》5.62。参考安斯康姆《维特根斯坦〈逻辑哲学论〉》，第166页，以及，欣迪卡：《论维特根斯坦的"唯我论"》（下称："欣迪卡：《维特根斯坦的"唯我论"》"），第88—91页（Hintikka,'Wittgenstein's solipsism', 88-91）。

第二章　理解《哲学研究》和《逻辑哲学论》的不同角度

安斯康姆和冯·赖特发现，为了阐明《逻辑哲学论》中的那些他们有着不同解读的段落，查阅维特根斯坦在"一战"期间所写的笔记很有用。① 安斯康姆于1952年在奥地利拍摄了这些笔记的微缩胶卷，现在她把这些笔记分享给了冯·赖特。② 在阅读和使用它们的过程中，安斯康姆和冯·赖特都决定接下来应该出版这些笔记。冯·赖特认为，对于任何认真对待《逻辑哲学论》的人来说，这些笔记都有着极大的价值，并且，他对其他先于《逻辑哲学论》的著作——"逻辑笔记"打字稿、对摩尔的口述稿以及维特根斯坦和罗素之间的大量通信——都持有同样的看法。③ 因此，当冯·赖特和安斯康姆后来编辑维特根斯坦在"一战"期间写的笔记时，就把这些作品也放了进去，该书于1961年以《战时笔记：1914—1916》（*Notebooks* 1914-1916）为标题出版。④

然而，安斯康姆和冯·赖特并没有完全按原样出版维特根斯坦的战时笔记和其他材料。事实上，他们只选择性地出版了那些他们认为与哲学相关的部分。最重要的是，他们略去了所谓的加密评论（coded remarks）。维特根斯坦习惯于把他的哲学作品写在战时笔记本的右页，而将更类似于日记的条目写在左页上，并通过颠倒字母顺序的方式进行加密。在安斯康姆和冯·赖特看来，出于对朋友的尊重，他们毫无疑问不应该出版这些加密的文本。我们完全可以理解他们

---

① 第101—103号手稿。参见本书以下章节：第二章第一节、第四章第二节、第四章第三节、第四章第五节、第五章第四节、第五章第六节以及附录1的A.1。
② 赖特：《与安斯康姆的通信》，1954—1956。
③ 第201a号打字稿，第301号手稿，收于TB 1961。
④ TB 1961.

的决定，因为其中涉及一些私人笔记和对熟人的私人评论。

现在，学者们认为维特根斯坦的一些加密文本确实能直接帮助我们理解维特根斯坦在战壕中创造的哲学，而且其中还有一些提供了关于其作品的有趣的元评论（meta-commentary）。① 正是由于意识到了这些加密评论潜在的意义，学者们批评文稿执行人不将它们发表出来的决定；但即使到今日，将维特根斯坦战时笔记的右页和左页并列呈现的印刷版仍然还处于人们所急需的状态中。②

第六节 历史背景

维特根斯坦的文稿执行人在编辑他的《战时笔记：1914—1916》时，心里掺杂着对维特根斯坦遗作的历史性和系统性的关切。当人们在面对一个哲学家留给后人的论著时，经常会处于这种混杂状态中，而每个遗作执行人都有自己融合这两种关切的方式。

安斯康姆希望人们根据她所认为的一种正确的方式来阅读《逻辑哲学论》和《哲学研究》，而她所理解的正确的方式就是把它们置入相关的历史背景中。这对她来说至为重要。与此相对地，她认为维

---

① VB 1994（赖特、尼曼编，皮希勒校：《杂评》，1994）和 VB 1998（赖特、尼曼编，皮希勒校：《文化与价值：遗稿选辑》，1998）；索马维拉：《维特根斯坦哲思语境中的加密评论》（下称："索马维拉：《加密评论》"），第 30—50 页（Somavilla, 'Coded Remarks', 30-50）；克拉格：《流亡中的维特根斯坦》（下称："克拉格：《流亡》"），第 5—18 页（Klagge, Exile, 5-18）。加密评论全文可见于：BEE 2000，以及网站：www.wittgensteinsource.org。

② 斯特恩：《可得性》，第 460—461 页。很快就会有一本同时包含维特根斯坦战时笔记双面的德文版和英文版的出版物面世。参见本书附录 1 的 A.1。

第二章 理解《哲学研究》和《逻辑哲学论》的不同角度

特根斯坦遗作中其他的只言片语的哲学价值并不大,除非能直接用来阐明这两部主要著作。她认为在维特根斯坦的传记性描述里面没什么哲学意义(而且在她看来其中大部分都肯定很愚蠢),并且她表示:"如果按下一个按钮就能让人们不再关心他的私生活,我肯定会按下去。"① 她的《维特根斯坦的〈逻辑哲学论〉导读》一书非常有代表性地体现了她的这种态度:她专门概述了弗雷格的工作,接着宣称说"这就是《逻辑哲学论》的历史背景"。②

相比之下,冯·赖特年轻时曾深受雅各布·布克哈特(Jacob Burckhardt)文化史的影响,他极为感兴趣的问题是,我们如何能够凭借遗作来重建维特根斯坦的那些伟大作品的起源。③ 他发现追溯《逻辑哲学论》和《哲学研究》的历史是一件很有趣的事情,并且认为维特根斯坦的书信之所以具有重要的价值,不仅在于它们直接涉及他的著作,而且还展现了维特根斯坦的独特个性。冯·赖特的这种历史敏感性极大地影响了他后来作为维特根斯坦文稿执行人而展开的工作,包括他对维特根斯坦书信和其他历史材料的编辑、对维特根斯坦两部主要著作的历史性重建,尤其是他与日俱增地意识到维特根斯坦的遗作就是一个文献语料库。④ 所有这些因素都促使他倡导一

---

① 恩格尔曼:《维特根斯坦的来信》,1967,第 xiii 页(CPE 1967, xiii)。
② 安斯康姆:《维特根斯坦〈逻辑哲学论〉》,第 17 页。
③ 赖特《我的生活》,第 64 页;赖特:《思想自传》,第 8 页。
④ CCO 1973(赖特编、导言,拉姆塞信件附录:《致 C. K. 奥格登的信》,1973);CRK 1974(赖特编、导言,麦奎尼斯协助:《致罗素、凯恩斯和摩尔的信》,1974);PT 1971,1—34(麦奎尼斯、尼博格、赖特编,皮尔斯、麦奎尼斯译,冯·赖特历史性导言,附有作者手稿的影印件:《原初逻辑哲学论:〈逻辑哲学论〉的一个早期版本》,1971,第 1—34 页);赖特:《维特根斯坦〈哲学研究〉的起源和写作》(下称:《赖特:《起源和写作》"),第 138—160 页(Wright,'Origin and Composition',138-160);赖特:《维特根斯坦》,第 63—136 页。

种完全不同于安斯康姆和里斯所采取的那种编辑决策。

　　里斯的编辑思路也着意突出历史背景的作用，却是在第三种意义上而言的：他完全沉浸在对维特根斯坦思想和写作的内在历史的研究中。也就是说，他关心的是遗作中的作品是如何发展起来的，以及它们是如何结合在一起的。由此，里斯对维特根斯坦著作之间的内部关系有着无与伦比的理解，这为后来出版那些旨在填补从《逻辑哲学论》向《哲学研究》的过渡中缺失环节的著作奠定了基础。里斯渴望按照他认为维特根斯坦希望的方式呈现维特根斯坦思想的历史——不受学术上的干扰。这种理念——做维特根斯坦想要做的事——对他来说就像是北极星，指引着他对维特根斯坦的作品展开内在于文本的历史性研究。为了搞清楚维特根斯坦可能想要怎样做，里斯试图从他与他的导师兼朋友在长达15年里的对话中学到的东西里寻求立足点。

第三章

"中期维特根斯坦"

第一节　维特根斯坦和里斯

在这三位文稿执行人中，里斯认识维特根斯坦的时间最长。他第一次参加维特根斯坦的讲座的时间是1933年，而且直到维特根斯坦生命走到尽头，他一直是维特根斯坦亲密而忠实的朋友。① 与那些被维特根斯坦建议放弃哲学的朋友们相对照，维特根斯坦鼓励里斯在斯旺西大学（University of Swansea）继续这一事业。② 部分原因很可能是因为里斯汲汲渴求发展自己的原创思想。

在里斯还年轻的时候，他曾因持有激进的观点而被罗切斯特大学（当时他父亲是学校的校长）的一门伦理学课除名。③ 这导致他离开美国并定居在欧洲。起初他搬到了爱丁堡，1928年在他23岁的时候以优异的成绩在这里毕业。④ 然后，他在曼彻斯特讲学，并且为了和阿尔弗雷德·卡斯蒂尔（Alfred Kastil）——他是布伦塔诺的文稿执行人和编辑——一起研究弗兰茨·布伦塔诺（Franz Brentano）的哲学而在因斯布鲁克度过了很长一段时间。⑤ 他为阐发布伦塔诺的连

---

① 厄尔巴赫:《文稿执行人》，第1—8、14—17页。
② WC 2012, 399.
③《罗切斯特大学校长儿子的激进主义》，收于《纽约时报》，1924年2月28日，第1版（'Radicalism of Rochester President's Son', *New York Times*, 28th. February 1924, 1）。
④ 菲利普:《拉什·里斯传略》（下称："菲利普:《传略》"），第267—268页（Phillips, 'Biographical Sketch', 267-268）。
⑤ 厄尔巴赫、希尔默:《论连续性：拉什·里斯关于物体的外表面和内表面的论述》（下称："厄尔巴赫、希尔默:《论连续性》"），第4—5页（Erbacher and Schirmer, 'On Continuity', 4-5）。

第三章 "中期维特根斯坦"

续体理论（theory of the continuum）而刻苦地研究，这让他申请到了去剑桥攻读博士学位的资格。摩尔成了他的导师，并建议他去参加维特根斯坦的课程。①

维特根斯坦在1933年开的课最初让里斯望而却步。他虽然承认维特根斯坦的一连串比喻可能确实契合于一种哲学立场，但他认为它们也造就了一种令人迷惑不解的授课风格。② 然而，两年之后，当里斯再次开始参加维特根斯坦的课时，他变得越来越沉迷于维特根斯坦的哲学。到1937年，他已经成了维特根斯坦的一个重要讨论伙伴，并被获准知悉了维特根斯坦的出版计划。维特根斯坦随后请里斯翻译他的书，并计划将该书题为《哲学评论》（*Philosophische Bemerkungen*, *Philosophical Remarks*），以德英双语版的形式在剑桥大学出版社出版。③ 这个计划并未落地，部分原因是维特根斯坦认为里斯的翻译"非常糟糕"。④ 但这并未影响他认为里斯是"一个优秀的人"的观点。⑤

"二战"期间，维特根斯坦曾多次到斯旺西拜访里斯。这些访问使得里斯能够亲眼见证维特根斯坦的哲学写作方法。⑥ 他们两人一起

---

① 卡斯蒂尔：《遗作》，1933年11月5日（Kastil, 'Nachlass', 5th. November 1933），收于厄尔巴赫、希尔默《论连续性》，第6页。
② 卡斯蒂尔：《遗作》，1933年11月5日（Kastil, 'Nachlass', 5th. November 1933），收于厄尔巴赫、希尔默《论连续性》，第6页。
③ PU 2001, 19-21, 205-446；带维特根斯坦批注的里斯译本：第226号打字稿。参见本书的第一章第四节和附录1的A.6。
④ WC 2012, 292.
⑤ WC 2012, 292；另参见WC 2012, 290和厄尔巴赫《文稿执行人》，第8页。
⑥ 里斯和维特根斯坦的讨论笔记收于LA 1966（巴雷特编：《讲演和对话》，1966），还收于时间更近一些的维特根斯坦、里斯和希特隆编《维特根斯坦与拉什·里斯的哲学对话（1939—1950）：来自拉什·里斯的笔记》（下称："维特根斯坦、里斯和希特隆著：《与拉什·里斯的对话》"），第1—71页（Wittgenstein, Rhees and Citron, 'Conversations with Rush Rhees', 1-71）。

讨论和阅读维特根斯坦新写的评论,里斯不禁觉得"他的思想很棒"。① 而且这些访问对维特根斯坦来说也是最启迪灵感的活动。维特根斯坦正是在1944年去斯旺西访问里斯时,才决定停止阐发他关于数学基础的评论,转而研究心理学概念。② 战后,维特根斯坦辞去教职,移居爱尔兰,专注于完成他的书。③ 在这个时候,维特根斯坦已经指定里斯为他的遗嘱执行人,并且直到维特根斯坦去世前十天,他们都在一直持续地讨论着关于编辑他的著作的事情。④

第二节 "初探"

里斯非常清楚地知道,维特根斯坦害怕他会被急切的学者们误读和曲解。⑤ 作为维特根斯坦的好朋友、文稿执行人和遗嘱执行人,里斯觉得自己有义务阻止发生这样的误读。这是里斯开展整个编辑工作的一个主要驱动力,也是他在1956年《关于数学基础的评论》一书出版后就着手编辑维特根斯坦的两篇口述——亦即所谓的《蓝皮书》和《褐皮书》——的一个原因。⑥

---

① 赖特:《与里斯的通信》,1969年2月27日,收于厄尔巴赫《文献执行人》,第16页。
② PU 2001, 27–33.
③ 赖特:《与安斯康姆的通信》,1947年10月12日,收于厄尔巴赫《文献执行人》,第23—24页。
④ WC 2012, 395;赖特:《与里斯的通信》,1965年7月7日,收于厄尔巴赫《思路》,第188页;里斯:《与肯尼的通信》,1977年3月2日,收于厄尔巴赫《哲学理由》,第111页。
⑤ 参考 CEM 1933(《致编者的信》,1933);MAM 1958(马尔康姆:《回忆维特根斯坦》,1958),第56—60页。
⑥ 第309、310号手稿,收于 BBB 1958(《〈哲学研究〉的初探,一般称作〈蓝皮书和褐皮书〉》,1958)。参见本书的第三章第五节和附录1的A.4。

第三章 "中期维特根斯坦"

这两个口述最初是在 1933 年和 1935 年被记录在空白册子上，两个册子都有彩色的封皮，《蓝皮书》和《褐皮书》的名字就来源于此。① 由于这些口述是为了服务于教学，而且包含着维特根斯坦自己的英语表述，因此，还在维特根斯坦活着的时候就有很多青年学者私下里抄录和流传这些口述，从而使得这些口述在他们中变得非常流行，而在维特根斯坦死后这种情况更是有增无减。里斯决心阻止这种私下流传的行为，尤其是因为他想要质疑这样一种观点，即认为《蓝皮书和褐皮书》中的"语言游戏"是维特根斯坦新的哲学方法的模型。既然里斯认为这是一个误读，所以他立即着手出版了一个授权版。

里斯在导言中强调，《蓝皮书》只是维特根斯坦给在 1933—1934 年参加了其课程的学生准备的一套笔记，而《褐皮书》则只是对维特根斯坦 1935 年的思想的进一步阐述。② 为了进一步确定人们不会无视这些文本的从属地位（相比于《哲学研究》的特殊地位而言，因为维特根斯坦在去世前就几乎已经准备好把它付梓了），他为这本书取了一个副标题："《哲学研究》的初探"（Preliminary Studies for the 'Philosophical Investigations'）。③ 我们不知道这是否真的能阻止学者们从该书中读出原本不属于这些口述里的东西。但这个副标题本身就可能会成为一种目的论误读（teleological misunderstanding）的来源，因为它可能会被理解为是为了给某个尚未存在的东西做准备而

---

① 参见 BBB 1958, vii.
② BBB 1958, vi-xvi.
③ 关于该标题的一个简短讨论可见于赖特《与里斯的通信》，1957 年秋。

呈现的文本。

维特根斯坦的写作经历了漫长的发展过程，而无论如何，很清楚的是，《蓝皮书》和《褐皮书》是这一过程的最后几步，它们最终会通往《哲学研究》的第一版。事实上，正是在维特根斯坦放弃为了出版而翻译和修改《褐皮书》后，《哲学研究》的第一个版本才应运而生。1936年秋天，维特根斯坦与世隔绝地在他位于挪威斯克约登的小屋里工作，最终他得出结论，这整个努力都是"毫无价值的"，于是他停止了修改工作。① 不久后他就开始撰写现在人们所认为的第一版《哲学研究》。②

里斯认为他有义务让读者认识到维特根斯坦作品中的这些发展。正因如此，《蓝皮书》和《褐皮书》的出版也成为他之后的编辑工作的一个初探。

第三节 重返"摩尔卷"

由于里斯亲眼见证了15年里维特根斯坦哲学的发展，所以他深知《哲学研究》背后的大量工作。正因如此，让他倍感失望的是，在他看来，在该书出版十年之后，读者们依然没有认识到该书的深度。③ 里斯

---

① 第115号、292号手稿。参见本书的第三章第五节和附录1的A.4。
② 第142号手稿，收于PU 2001, 51-204。参见本书的第二章第二节、第二章第四节和第六章第四节以及附录1的A.5。
③ 赖特：《与里斯的通信》，1962年9月4日、5日，收于厄尔巴赫、荣格和赛贝尔《日志》，第114—121页。

第三章 "中期维特根斯坦"

深思了可能造成这种忽视的原因,开始认为这是因为读者没有看到,《哲学研究》的文本是从漫长的哲学讨论中渐渐产生的。他猜想,如果人们能够足够重视那使得该书成为可能的发展历程,他们就能更容易理解《哲学研究》的内容,也更能听明白维特根斯坦在说什么。这就是推动着他从事编辑工作的夙愿:让人们认识到《逻辑哲学论》和《哲学研究》之间的哲学发展。

人们通常把在《逻辑哲学论》和《哲学研究》期间的维特根斯坦思想的发展称为"中期维特根斯坦",这种叫法——如同里斯盘算的那样——能阻止人们产生这样的看法:有两个似乎截然不同的维特根斯坦,一个是"早期的"和一个是"晚期的",《逻辑哲学论》是早期的代表作,《哲学研究》是晚期的代表作。[①] 为了驳斥这种已经出现的过分简单化的理解,里斯想要证明"后期维特根斯坦"延续着我们在《逻辑哲学论》中所看到的那同一个讨论。[②] 为了证明这一点,里斯再次返回到"摩尔卷"。

"摩尔卷"是由一系列的剪辑构成的,我们可以把它看作维特根斯坦1929年重返哲学写作后的第一批成果。[③] 因此,它脱离了相关于《逻辑哲学论》中那些思考,并展示出一种新的哲学发展是如何走上轨道的。喜欢抄写文本的里斯在他的打字机上录入了"摩尔卷",与此同时,他也越来越专注于在维特根斯坦的手稿和打字稿的

---

① 参考斯特恩《多少个维特根斯坦?》,第164—188页(Stern,'How many Wittgensteins?',164-188)。

② 赖特:《与里斯的通信》,1962年2月10日,收于厄尔巴赫、荣格和赛贝尔《日志》,第125页。

③ 第209号打字稿,收于PB 1964。参见本书的第二章第一节、第二章第三节、第三章第四节、第三章第五节、第四章第二节和第四章第五节以及附录1的A.2。

变化里捕捉可以显现其思想发展的痕迹。① 里斯搜寻了维特根斯坦的笔记，试图从中找到"摩尔卷"里的那些打印评论的手写稿来源，通过这种方式，他对维特根斯坦的写作实践进行了某种意义上的逆向工程（reverse-engineered）。

由此，里斯逐步地认识到了维特根斯坦工作过程中的发展变化，以及它们又是如何在文集里面得以体现。由于着迷于这种解释学的冒险之旅，里斯于1963年请假暂离了他在斯旺西大学所担任的讲师职位，以便全神贯注地研究维特根斯坦的论文。②

第四节 哲学讨论

在录入"摩尔卷"的过程中，里斯意识到，里面的哲学观点可以在很大程度上澄清维特根斯坦与维也纳小组的关系：

> 这种观点在当时非常有影响【原文如此】③，尽管人们都没能理解它的意思。它影响了石里克（Schlick），并且我认为它也影响了卡尔纳普（Carnap）；可能还影响了其他一些人。人们还不清楚维特根斯坦对维也纳小组产生了什么影响，但试图把造

---

① 厄尔巴赫：《哲学理由》，第121—123页。
② 赖特：《与里斯的通信》，1963年2月10日，收于厄尔巴赫、荣格和赛贝尔《日志》，第122页。
③ 原信件把英文的"influential"拼作了"influencial"，故原文作了这个标示。——译者注

第三章 "中期维特根斯坦"

成影响的因素归给《逻辑哲学论》。这通常会导致他们误读《逻辑哲学论》。我之所以觉得"摩尔卷"很值得关注，就是因为它一方面指出了逻辑实证主义者们的大部分早期工作的动力之源，另一方面也显示出从他们对维特根斯坦的误读中寻找理解维特根斯坦观点的线索是多么无望。①

在将这些评论录入整编成一篇连续的打字稿时，里斯发现维特根斯坦使用标点符号的方式有些奇怪，并琢磨着怎样在打印版里处理它们。② 但他很快就想起，维特根斯坦曾说过"写作更多的是'靠听觉'而不是'靠视觉'"，因此，标点符号的作用是辅助大声朗读，以便于更好地显示其评论的节奏和意义。③ 维特根斯坦需要能刺激他思考的讨论伙伴，而这一观察恰好和这个需求相一致。④ 因此，当我们在牛津发现已故的弗里德里希·魏斯曼（Friedrich Waismann）的著作里包含着他与维特根斯坦的讨论记录，甚至还有与"摩尔卷"同时期的口述史，我们并不会觉得这完全是个意外，尽管这确实是我们未预料到的好消息。⑤

1929 年至 1930 年期间，维特根斯坦、魏斯曼和莫里茨·石里

---

① 赖特：《与里斯的通信》，1963 年 2 月 10 日，收于厄尔巴赫、荣格和赛贝尔《日志》，第 123 页；参考里斯《〈逻辑哲学论〉：一些误解的起因》（下称："里斯：《一些误解的起因》"），第 213—220 页（Rhees, 'Seeds of Some Misunderstandings', 213-220）。

② 赖特：《与里斯的通信》，1962 年 8 月 12 日，收于厄尔巴赫、荣格和赛贝尔《日志》，第 113—114 页。

③ 赖特：《与里斯的通信》，1963 年 2 月 14 日，收于厄尔巴赫、荣格和赛贝尔《日志》，第 126 页。

④ 2018 年在锡耶纳附近的一场谈话里，麦奎尼斯强调说，这个方面将会是未来研究中的一个热门话题。

⑤ 舒尔特：《魏斯曼遗作》，第 108—140 页（Schulte, 'Waismann-Nachlass', 108-140）。

克在维也纳有过多次会面,魏斯曼甚至还曾经为了给维特根斯坦的哲学观点构建一个系统的阐述而与维特根斯坦合作。① 魏斯曼在1930年代中期同维特根斯坦一样都移民到了剑桥,但当维特根斯坦中断了与他的联系后,他就搬到了牛津。② 1959年,魏斯曼去世。与维特根斯坦一样,他指定了三位文稿执行人,而这三位文稿执行人又指定布瑞恩·麦奎尼斯(Brian McGuinness)负责处理这些著作。③

维特根斯坦的文稿执行人早就注意到了麦奎尼斯,因为他与大卫·皮尔斯(David Pears)合作出版了《逻辑哲学论》的新译本。④ 此时,麦奎尼斯又在准备出版魏斯曼根据他与维特根斯坦的讨论而做的笔记。于是,麦奎尼斯和里斯开始就这些来自相同时期的材料展开交流,里斯甚至在他所编辑的"摩尔卷"中加入了一些从魏斯曼的论文中选取的稿件作为附录。⑤ 该书于1964年以《哲学评论》(*Philosophical Remarks*)为题出版。⑥

---

① WWK 1967(麦奎尼斯编:《路德维希·维特根斯坦和维也纳小组》,1967),WLP 1965(哈尔编:《弗里德里希·魏斯曼:语言分析哲学原理》,1965),WLP 1976(石里克前言,贝克、麦奎尼斯与舒尔特合编:《弗里德里希·魏斯曼:逻辑、语言和哲学》,1976),VW 2003(贝克编,贝克、马克特、康诺利和波利提斯译:《维特根斯坦的声音:维也纳小组》,2003)。

② 麦奎尼斯:《思路》,第177—200页;麦奎尼斯:《弗里德里希·魏斯曼的冒险之旅》(下称:"麦奎尼斯:《冒险之旅》"),收于麦奎尼斯编《维特根斯坦和石里克》,2010,第41—53页(McGuinness, 'Irrfahrten', 41–53)。

③ 魏斯曼的文稿执行人是:斯图亚特·汉普舍(Stuart Hampshire)、以赛亚·柏林(Isaiah Berlin)和吉尔伯特·赖尔(Gilbert Ryle)。

④ TLP 1961(皮尔斯、麦奎尼斯译:《逻辑哲学论》,1961)。

⑤ 里斯:《与麦奎尼斯的通信》,1962—1964。因斯布鲁克大学布伦纳研究所档案馆(Forschungsinstitut Brenner Archive)可能很快就会对麦奎尼斯的论文展开研究。

⑥ PB 1964。

第三章 "中期维特根斯坦"

为了帮助《哲学评论》的读者们理解里斯所认为的维特根斯坦的那种哲学立场——这种立场与维也纳小组所倡导的科学的世界观念（scientific worldview）并不相容，他把维特根斯坦于1930年写的一份稿件当作前言放了进去。在这份稿件中，维特根斯坦称他的书是以一种不同于"我们所有人身处其中的、影响了欧美文明方方面面的洪流"的精神撰写的。① 里斯对《哲学评论》的这种编辑方式，显然影响了人们对这本书的解读，而这正是他想要达到的效果。他想要读者看清"维特根斯坦的思路，他试图让读者以维特根斯坦的视角解读这些材料"。②

第五节　发现《哲学语法》

尽管里斯的下一个编辑项目《哲学语法》（*Philosophische Grammatik*, *Philosophical Grammar*）③ 在《哲学评论》出版五年后才面世，但它们是同一个编辑目标——阐明从《逻辑哲学论》到《哲学研究》的发展路径——的两个阶段。《哲学评论》是这条道路上的第一个里程碑，《哲学语法》则是第二个。

对《哲学语法》的编辑开始于维特根斯坦遗作中的一份独特的文件，也就是所谓的"大打字稿"（Big Typescript），这是一本768页

---

① PB 1975，"前言"。整个序言的稿件可见于第109、204—208号手稿。
② 沃尔夫冈·基恩兹勒（Wolfgang Kienzler）在对本书稿件的一个评论中使用了这样的说法。
③ PG 1969（里斯编：《哲学语法》，1969），第一个英文版是PG 1974（里斯编，肯尼译：《哲学语法》，1974）。为方便起见，我用它的英文标题来指它。

的评注集,分为19个部分和140个章节。① 文稿执行人很早就对这个体量巨大的文件感兴趣了,但推迟了对它的编辑。② 1960年代初,里斯终于把被搁置的"大打字稿"拿了出来,并在录入"摩尔卷"的同时阅读它。③ 正因如此,他意识到,在这两个打字稿之间的三到四年间,维特根斯坦的哲学有了巨大的发展:寻求精确的构建性语言依然是"摩尔卷"(来自1930年)的驱动力,但"大打字稿"(来自1933—1934年)已然放弃了意义固定不变的观念。④ 取而代之的是,现在维特根斯坦试图通过一个词在它所出现的语境中所扮演的角色来理解它的含义。故而,他的研究就从对固有含义的分析转变为一种"语法"研究。⑤ 从这里到《蓝皮书》和《褐皮书》中的语言游戏仅一步之遥。实际上,"语言游戏"这个概念已经在"大打字稿"中出现了。⑥ 于是,"大打字稿"就很自然地成了填补《哲学评论》和《蓝皮书》《褐皮书》之间仍然存在的鸿沟的首选。

虽然"大打字稿"最初面世时看起来结构很好,但对它的编辑工作实际上非常复杂,因为里斯手里的该书的副本满是维特根斯坦

---

① 第213号打字稿,收于《维也纳版维特根斯坦全集》(第11卷)(Wi11)和BT 2005。参见本书的第二章第四节和第五章第一节以及附录1的A.3。
② 赖特:《与里斯的通信》,1952年3月2日,收于厄尔巴赫《思路》,第173页。
③ 厄尔巴赫、荣格和赛贝尔:《日志》,第105—147页。
④ 赖特:《与里斯的通信》,1964年1月14日,收于厄尔巴赫、荣格和赛贝尔《日志》,第129—140页。
⑤ 赖特:《与里斯的通信》,1963年2月10日。收于厄尔巴赫、荣格和赛贝尔《日志》,第124页。
⑥ 参见本书附录1的A.3,例如第213号打字稿,第79r页。对于"大打字稿"和《蓝皮书和褐皮书》间语法概念的发展,可参见乌费尔曼《从体系到用法:维特根斯坦语法概念的发生学—哲学考察》(下称:乌费尔曼:《从体系到用法》),第103—181页(Uffelmann, *Vom System zum Gebrauch*, 103-81)。

第三章 "中期维特根斯坦"

的修订。① 里斯由此怀疑，维特根斯坦或许并没有将"大打字稿"视为一本独立的书，而是把它当成用于撰写一本新书而准备的评论"库房"。② 另一份大型手稿的出现证实了里斯的推测；这份手稿包含着一个文本，这个文本和里斯根据维特根斯坦的手写修订整理出来的"大打字稿"一样。③ 维特根斯坦曾把这份手稿称作"修订稿"，里斯认为这份手稿就是维特根斯坦的"续作"。④ 维特根斯坦将整个账本命名为"哲学语法"，而这也是里斯用于出版的书名："如果我最后真的能编辑出一本书，我认为它应该叫《哲学语法》。"⑤

然而，在追踪"修订稿"里的线索时，里斯又发现了另一份有着同样内容的手稿，里面甚至包含着更多的维特根斯坦的修订。⑥ 结果是，编辑、出版《哲学语法》的目标变成了如里斯所描述的这样一个任务：

> 我所设想的这个时期的主要工作——我本来认为是一份包含着一些修订和各种变体因而需要加以编辑的手稿——现在看起来并不是"连体双胞胎"（Siamese twins），而是"连体四胞胎"（Siamese quadruplets）。但愿我能知道怎么把这个四重奏想要表达的东西弄清楚。⑦

---

① 里斯的副本是保存在剑桥大学三一学院雷恩图书馆中的"里斯文集"（*Rhees Papers*）里的一部分。
② 厄尔巴赫：《哲学理由》，第 127—130 页。
③ 第 114 号手稿，第 31v—45r 页和第 115 号手稿，第 1—117 页。参见本书的第三章第六节和第五章第一节以及附录 1 的 A.3。
④ 赖特：《与里斯的通信》，1965 年 11 月 8 日，收于厄尔巴赫《哲学理由》，第 127 页。
⑤ 赖特：《与里斯的通信》，1965 年 11 月 8 日，收于厄尔巴赫《哲学理由》，第 128 页。
⑥ 第 140 号手稿。参见本书的第三章第六节和第五章第一节以及附录 1 的 A.3。
⑦ 里斯：《与德鲁里（Drury）的通信》，1965 年 11 月 7 日，收于厄尔巴赫《思路》，第 183 页。

维特根斯坦的继承人与编者

第六节 里斯精彩的共创式编辑

在 1964 年《哲学评论》出版后，里斯辞去了他在斯旺西大学的职位，开始全身心地投入维特根斯坦的论文中。里斯档案里成千上万页文件表明，对他来说，编辑维特根斯坦的遗作和发展他自己的哲学思想并非毫无关联。① 相反，他几乎每一天都会创作出写满哲学笔记和注释性笔记的文件，这些文件与他的编辑工作并驾齐驱。这些文件表明，里斯一直在仔细地审查着维特根斯坦是如何把他在哲学讨论上的变化与他对评论的处理相协调的。在这一背景下，他回忆起维特根斯坦做出调整的情景：

> 【他】删掉某些东西（有时让我感到困惑），改变它们的次序或替换某些段落；我曾看到他将一个版本换成另一个版本（这是《哲学研究》的一些早期版本），然后【我】又听到他在讲座中使用了相同的材料；我特别清楚地记得他为删减、修改和缩短他说是"愚蠢的"（foul）东西时经常找到那些理由；因此我能够在手稿里的删改和修订中看到相同的工作方式和相同的标准。②

---

① 拉什·里斯作品集（The Rush Rhees Collection）保存在斯旺西大学理查德·伯顿档案馆（Richard Burton Archives），据说前者包含着 160000 页的手稿（菲利普：《传略》，第 275 页）。
② 里斯：《与肯尼的通信》，1977 年 3 月 2 日，收于厄尔巴赫《哲学理由》，第 117 页。

第三章 "中期维特根斯坦"

通过在录入过程中重复这些变化，里斯回味了维特根斯坦著作中的那些转变，开始能够理解，以不同的方式安排相同或相似的评论如何能造就截然不同的哲学讨论。[①] 里斯通过这种编辑工作，使记录在维特根斯坦著作中的哲学讨论焕发了新生，这个过程也变成了里斯和他自己以及和维特根斯坦的哲学讨论，同时也是维特根斯坦和他自己的哲学讨论。

经过三年多的时间，里斯进行的这场同时是编辑的、解释的、哲学的和文学的冒险，最终形成了一份打印文本，他在 1969 年以《哲学语法》为题出版了它。[②] 这本书是哲学共创（co-creation）的成果：正如维特根斯坦把他的哲学探索的目标描述为寻找"中间环节"（intermediate case），里斯也通过《哲学语法》为作为哲学作家的维特根斯坦的发展，在形态学上创造了一个中间环节。[③] 为了显现这一点，里斯最初的想法是把《哲学语法》分成两卷——这一特征将刻画出它朝着《哲学研究》的进一步发展。但出版商拒绝这样分割这本书。[④] 然而，这个决定当然不是人们并没有像里斯所希望的那样接受这本书的唯一原因。一旦学者们能够获得维特根斯坦遗作的副本，这本杜撰之作就会成为文本批评的主要目标。

[①] 赖特：《与里斯的通信》，1964 年 1 月 14 日，收于厄尔巴赫《哲学理由》，第 125—126 页。

[②] PG 1969，第一个英文版是 PG 1974。

[③] 参考 PI §122 以及厄尔巴赫《哲学理由》，第 127—130 页。

[④] 第一卷拟定的题目是"句子，句子的含义"（Satz, Sinn des Satzes），第二卷的是"论逻辑学和数学"（Über Logik und Mathematik），后者并非维特根斯坦"修订版"的一部分。里斯和出版社的通信可见于理查德·伯顿档案馆中的拉什·里斯作品集。

第四章

维特根斯坦文集

第一节　维特根斯坦最后的一些著作

相比于里斯，安斯康姆和冯·赖特对维特根斯坦的遗作并没有那么熟悉。当安斯康姆和冯·赖特开始编辑维特根斯坦生命中最后两年的著作时，这一点就变得很明显。① 那时维特根斯坦已经得知他的病已无法治愈，并且他也已经停止阐述那些包含在《哲学研究》中的评论。② 然而这并没有阻止他继续思考和写作。实际上，在他去世前两天，尚未失去意识前，他还一直在写哲学评论。

维特根斯坦生命的最后几个月写的那组手稿，本来并未被当成是《哲学研究》的一部分，它们在遗作里构成了某种"子集"，文稿执行者们把它称作"欧米伽卷"（Omega volumes）。③ 安斯康姆和冯·赖特使用它们编成了《论确定性》《关于颜色的评论》和《关于心理学哲学的最后著作 II》。④

安斯康姆和冯·赖特在为这些书中最受欢迎的一本——《论确定性》——所撰写的序言中表示，是马尔康姆在 1949 年中期激发了维特根斯坦的这些研究。但里斯对此表示强烈反对：或许与马尔康姆

---

① 第 169—177 号手稿；参考舒尔特《维特根斯坦最后的作品》（下称："舒尔特：《最后的作品》"），第 63—78 页（Schulte, 'Last Writings', 63-78）。参见本书的第五章第五节和附录 1 的 A.10。

② PU 2001, 12-50.

③ 赖特：《与里斯的通信》，1962 年 1 月 29 日。

④ OC 1969（安斯康姆、冯·赖特编，保罗·安斯康姆译：《论确定性》，1969），ROC 1977（安斯康姆编，麦卡利斯特、舍特尔译：《关于颜色的评论》，1977），LW 1992（赖特、尼曼编，卢克哈特、奥伊译：《关于心理学哲学的最后著作》，1992）。

的讨论促使维特根斯坦重拾这些思路并进一步发展了它们，但如果认为这些评论与其作品里的那些至少可以追溯至 1930 年的讨论没有持续性的联系，那显然是一种误解。① 因此，里斯建议将《论确定性》中的评论与维特根斯坦的《关于伦理学的讲演》和《弗雷泽〈金枝〉评论》一起出版，因为他认为非常有必要强调《论确定性》与维特根斯坦早期关于科学界限的思考之间的联系。② 安斯康姆拒绝了这个主意，因为她认为这些早期著作应该"附加"到维特根斯坦后期的著作中。③ 与里斯对维特根斯坦的作品所持有的整体性观点相反，她和冯·赖特决定将"欧米伽卷"中的评论分别安置在几本书里，并且他们给这些书取的标题能使人更容易地把它们和分析哲学各专业领域建立起联系，例如认识论（《论确定性》）、知觉或心理哲学（《关于颜色的评论》《关于心理学哲学的最后著作》）。当然，这肯定异于里斯希望通过对维特根斯坦最后著作的出版会引发的那种理解。

尽管三位文稿执行人对维特根斯坦的理解有很大的差异，但安斯康姆和冯·赖特制作的出版物与里斯制作的出版物有极为明显的相似之处：这三位编辑都认为没必要在书里面添加过多的注释或学术性评注，并且他们都认为应该根据他们对文本的哲学理解来指导

25

---

① 赖特：《与里斯的通信》，1969 年 6 月 18 日，编入里斯《〈论确定性〉：一个新主题?》（下称："里斯：《新主题?》"），载于里斯《维特根斯坦的〈论确定性〉》，第 3—5 页。因为这封信，冯·赖特请里斯为《论确定性》写篇序言，但这篇序言直到他去世后才发表于里斯：《〈论确定性〉的序言》，载于里斯《维特根斯坦的〈论确定性〉》，第 61—66 页。

② LE 1965（《关于伦理学的讲演》，载于《维特根斯坦关于伦理学的讲座》，1965），GB 1967, GB 1971（《弗雷泽〈金枝〉评论》，1967、1971）；里斯和冯·赖特关于《论确定性》的讨论可见于赖特《与里斯的通信》，1969 年 6 月—1970 年 3 月。

③ 赖特：《与里斯的通信》，1970 年 3 月 19 日。

他们的编辑决策。这是他们对维特根斯坦的遗嘱理解上的共同之处，尽管他们对他的著作的理解不尽相同。

安斯康姆和冯·赖特编辑的下一本书——《字条集》——典型地展示了他们所认同的那种"哲学性编辑"。①《字条集》（Zettel，该词在德语里的含义是"字条、便条"）包含的主要是1945年至1948年间的评论，也就在维特根斯坦完成《哲学研究》"第一部分"的打字稿之后，但在创作《哲学研究》"第二部分"（1949年）所使用的材料之前的这段时间里的所写评论。所以，《字条集》代表了维特根斯坦在战后几年间——主要是在他担任剑桥大学哲学教授的最后两年——的部分工作。在这个时间段内，维特根斯坦的工作已经转向了对心理学概念的研究。正如安斯康姆和冯·赖特所编辑的这本书的书名所表明的，它是由一系列字条组成的。维特根斯坦重新整理过这些材料，并把其中一部分进行了分组。文稿执行人接收它们的时候它们就处于这样的状态。但在已出版的书里，这些评论的顺序却并未准确地体现维特根斯坦对它们的安排：虽然据说维特根斯坦剪—贴的材料依然是在一起的，但安斯康姆的丈夫彼得·吉奇将那些未分组的评论安插到了他所认为的最合适的位置上去了。② 然而，这本书的读者并未被告知，在这些分了组的评论中，哪些评论是维特根斯坦分的组，哪些又是吉奇分的组。在进行编辑工作的时候，编辑们并没有意识到要把这些信息告知读者的重要性；他们所考虑的更多的是如何把他们认为属于某个特定时期的或关于特定主题的维特根斯坦的

---

① Z 1967（安斯康姆、赖特编：《字条集》，1967）。
② 参考厄尔巴赫《思路》，第185—186页。

第四章 维特根斯坦文集

哲学作品以最容易理解的方式呈现出来。

维特根斯坦去世后的头二十年里，出现了另外一种"哲学性编辑"的方法，这种方法是作为维特根斯坦文献继承人的冯·赖特后续工作发展出来的成果，它通过新的项目为更加历史性的编辑方式铺平了道路。

第二节 把副本保存到康奈尔大学？

直到 1960 年代中期，文稿执行人对维特根斯坦著作的处理方式都可能会令专业的历史学者和图书管理员感到绝望。里斯和安斯康姆将手稿和打字稿保存在他们各自的家里，并直接处理它们，有时还会在上面写注释，让它们暴露在日常生活里的各种危险之中——这有时会带来灾难性后果：用于《哲学研究》（1953 年版）排版的打字稿丢失了；据说安斯康姆把一节提及了当时某个在世者的文稿付之一炬；里斯的狗曾试图吃掉其中一份手稿；而里斯本人在伦敦帕丁顿车站的电话亭里丢失了"摩尔卷"的原件。[①] 此外，由于文稿继承人很少与他们三人组之外的其他学者合作，所以很少有人见过这三位继承人用来编辑出版物的原始文献。随着越来越多的遗著出版，学者们开始想要看到用于制作这些书的原件。诺曼·马尔康姆

[①] 参考保罗《维特根斯坦的思想发展：1929—1951》（下称："保罗：《发展》"），第 13 页（Paul, *Progress*, 13）；赖特：《我的生活》，第 159 页；里斯：《致赖特的信》，1962 年 7 月 26 日，收于厄尔巴赫、荣格和赛贝尔《日志》，第 111—113 页。

（Norman Malcolm）就是这些学者中的一个。

冯·赖特一直在向马尔康姆通报文稿执行人的发现和决定。① 就像里斯和冯·赖特一样，马尔康姆也非常着迷于靠自己去发掘"中期维特根斯坦"，这尤其是因为他正在起草一篇关于维特根斯坦毕生工作的百科词条。② 1963 年，当安斯康姆还在伊萨卡进行研究工作的时候，马尔康姆就问她是否有可能让康奈尔大学成为保存维特根斯坦中期手稿副本的贮藏所。③ 安斯康姆赞成这个想法，冯·赖特也是如此，但里斯则坚决反对任何复制行为。④ 虽然他和安斯康姆、冯·赖特一样非常信任马尔康姆，但他依然记得，马尔康姆的讲座笔记曾在马尔康姆本人和文稿执行人并不知情的情况下被复制、流传。里斯担心一旦有了维特根斯坦手稿的副本，同样的事情还会再发生——而他确信这绝对不是维特根斯坦愿意看到的事情。

里斯担心学者们会试图把维特根斯坦的手稿看成矿场，在它们中挖掘用于支撑他们各自独特解读的证据——或试图发掘丑闻——而不关心这些手稿在作为整体的维特根斯坦作品中的地位。⑤ 里斯曾经看到这种情况在已出版的前《逻辑哲学论》时期的著作身上发生过，并且他预见到，如果其他手稿流传开来，将会出现同样的滥用情

---

① 赖特：《与马尔康姆的通信》，1947—1990。
② 马尔康姆：《路德维希·约瑟夫·约翰·维特根斯坦》（下称："马尔康姆：《维特根斯坦》"），第 327—340 页（Malcolm, 'Wittgenstein', 327-340）。
③ 赖特：《与马尔康姆的通信》，1963 年 6 月 6 日。
④ 赖特：《与里斯的通信》，1965 年 7 月 7 日，收于厄尔巴赫《"在被忽视的材料中，有很多一般性的有价值评论"——论冯·赖特和维特根斯坦〈文化与价值〉的创制》（下称："厄尔巴赫：《被忽视的材料》"），第 91—92 页（Erbacher, 'Omitted Stuff', 91-92）。
⑤ 赖特：《与里斯的通信》，1966 年 12 月 17 日，收于厄尔巴赫《被忽视的材料》，第 93 页。

第四章 维特根斯坦文集

况。冯·赖特最终同意了里斯的观点，尤其是当涉及如何处理维特根斯坦的那些加密文件时。① 文稿执行人已经在《逻辑哲学论》之前的笔记本中见到过维特根斯坦的加密笔记，并将它们视为纯粹的私人笔记。② 整个遗作里面都散布着这种以同样的方式加密了的文件，③但在那个时候，还没有人准确地知道，到底有多少加密的评论或它们到底说了什么。面对马尔康姆请求获得副本这种情况，文稿执行人开始清楚地意识到，他们应该对所有这类加密材料有一个全面的了解。

因此，冯·赖特告诉马尔康姆，文稿执行人决定先解密所有加密评论，然后再决定是否复制维特根斯坦的遗作。④ 随后，冯·赖特在他手头里的所有文件中系统地搜索加密评论。这是他对维特根斯坦的所有文件按历史顺序进行系统化的开始。

第三节 优美且深刻的评论

在解密那些加密评论的过程中，冯·赖特还在遗作里搜索着维特根斯坦关于宗教、文化、生活或哲学工作等一些宽泛主题的格言。

---

① 赖特：《与里斯的通信》，1966 年 12 月 17 日，收于厄尔巴赫《被忽视的材料》，第 93 页。
② 参见本书的以下章节：第二章第一节、第二章第五节、第四章第三节、第四章第五节、第五章第四节、第五章第六节和附录 1 的 A.1。
③ 一部长篇加密的日记（第 183 号手稿）被编入 DB 1997a, DB 1997b ［索马维拉：《思想运动：日记，1930—1932，1936—1937》（卷一、卷二），1997］，以及 DB 2003, 3—255（《思想运动：日记，1930—1932，1936—1937》，收于克拉格、诺曼编《路德维希·维特根斯坦：公开和私下时刻》，2003，第 3—255 页）；索马维拉：《加密评论》，第 30—50 页。
④ 赖特：《与马尔康姆的通信》，1965 年 10 月 13 日。

在他收集这些评论的过程中，他被它们的"优美且深刻"打动。① 他记得十年前在编辑《关于数学基础的评论》时也有类似的感受，其中一些评论并未被收录在已出版的书里，但它们给冯·赖特留下了非常深刻的印象，以至于他早就在考虑编辑出版一部维特根斯坦的优美格言选集。② 于是，冯·赖特编了一整册的"一般评论"（general remarks）——这是他现在称呼它们的名字——的选集本。③

到了1965年，冯·赖特从大约六十份手稿和打字稿中选出了超过1500个"一般评论"。④ 冯·赖特认为，虽然这本选集在文稿执行人看来很有意思，但他并不觉得它适合出版。⑤ 特别是，正如他在为选集所写的附加声明中所述，他认为这些一般评论与维特根斯坦的哲学彼此"分离"，没有被出版的理由。⑥ 但是，在冯·赖特改变了其关于何为哲学的观点之后，他对此的立场也随之发生了转移。这主要是因为美国对越南的战争政策使他越来越关注社会和政治问题，并开始确信，对这些问题的处理也可以合乎情理地成为哲学家工作的一部分。⑦ 出于这种对于何为哲学的重新定位，

---

① 赖特：《与里斯的通信》，1974年12月13日，收于厄尔巴赫《被忽视的材料》，第100页。
② 赖特：《与安斯康姆的通信》，1954年11月6日，收于厄尔巴赫《被忽视的材料》，第88页。
③ 未发表的"一般评论"合集在1965年春得到编辑，参考厄尔巴赫《被忽视的材料》，第89—91页。
④ 参考罗特豪普《维特根斯坦的"一般评论"》（下称："罗特豪普：《一般评论》"），第103—136页（Rothhaupt, 'General Remarks', 103-136）。
⑤ 赖特：《与安斯康姆的通信》，1965年6月20日。
⑥ 赖特：《声明》，收于厄尔巴赫《被忽视的材料》，第90页。
⑦ 厄斯特曼：《弥合裂痕：G. H. v. 赖特如何使哲学和他的生活相关联》（下称："厄斯特曼：《弥合裂痕》"），第1—18页（Österman, 'Healing the Rift', 1-18）；厄尔巴赫：《被忽视的材料》，第94—99页。

第四章　维特根斯坦文集

冯·赖特重新审视了他从维特根斯坦著作中挑选的一般评论。对于理解维特根斯坦的哲学而言，这些评论现在似乎有了新的含义：它们不再只是维特根斯坦哲学性评论的副产物，相反，这些一般评论能让我们弄懂维特根斯坦对生活、文化以及他在这方面的工作的理解。

这些一般评论为冯·赖特提供了一个整体地理解维特根斯坦哲学作品的框架。① 之前里斯认为《维特根斯坦关于伦理学的讲演》和《弗雷泽〈金枝〉评论》也具有类似的功能。② 所有这些著作都可以为我们理解维特根斯坦的哲学倾向提供线索。在里斯和冯·赖特看来，理解维特根斯坦的哲学倾向对于理解其哲学作品而言至关重要。由于冯·赖特意识到学术界仍然把维特根斯坦视作一个"文化盲"（cultural illiterate），所以他认为出版一般评论可能会是一剂良药。③ 事实上，当他在 1977 年于基希贝格（Kirchberg）第二届"维特根斯坦研讨会"上的主题演讲中推出《杂评》（*Vermischte Bemerkungen*）时，一个迄今未被认识到的、有着文化颠覆性力量的维特根斯坦正如同"炸弹"一样开始冲击年轻一代学者。④

---

① VB 1977（赖特与尼曼合编：《杂评》，1977），"前言"；赖特：《维特根斯坦与其所处时代的关系》（下称："赖特：《他的时代》"），载于赖特《维特根斯坦》，第 201—216 页（Wright, 'His times', 201-216）。

② LE 1965, GB 1967, GB 1971；赖特：《与里斯的通信》，1970 年 3 月 5 日。里斯编辑"关于弗雷泽的评论"的情况描述，可参见韦斯特加德《论凯特纳和艾格斯蒂版的维特根斯坦〈弗雷泽《金枝》评论〉》（下称："韦斯特加德：《凯特纳和艾格斯蒂版》"），第 117—142 页（Westergaard, 'Ketner and Eigsti edition', 117-142）。

③ 赖特：《维特根斯坦》，第 3 页。

④ VB 1977；雅尼克：《回忆 1977 年的基希贝格》，第 94—95 页（Janik, 'Remembering Kirchberg 1977', 94-95）。

29

第四节　维特根斯坦和冯·赖特

或许只有知道了冯·赖特和维特根斯坦相识的经历，我们才能更好地理解为何冯·赖特对维特根斯坦的一般评论那么小心翼翼。1939年，作为博士生的冯·赖特到剑桥进行海外学习。① 他当时是一个坚定的逻辑实证主义者。他在赫尔辛基的导师埃诺·凯拉（Eino Kaila）曾与维也纳小组合作，并教导冯·赖特将《逻辑哲学论》视为由未来一代的哲学专家明确阐述的科学哲学的目标。② 因此很自然地，冯·赖特本想去维也纳进行海外研究，但由于维也纳小组已经解散，剑桥就成为接下来的最佳选择，那儿是加强他在归纳逻辑方面研究最好的地方。③ 当他抵达剑桥时，他很惊讶地得知维特根斯坦正在那里任教。于是冯·赖特参加了维特根斯坦的讲座，并立刻意识到他自己正在见证具有历史意义的智识盛事。不止于此，与维特根斯坦的私下讨论给他留下了更为深刻的印象。④

冯·赖特意识到，维特根斯坦就是他曾期待的那种哲学天才——但让他完全没有想到的是，他所认识的维特根斯坦还是一位

---

① 赖特：《我的生活》，第71—78页。

② 赖特：《逻辑哲学》，第175—177页（Wright, 'Logistik filosofi', 175-177）；赖特：《我的生活》，第54—58页；赖特：《自传》，第5页。

③ 赖特：《我的生活》，第68—70页，参考赖特《论概率：逻辑学和哲学研究》（下称："赖特：《论概率》"）（Wright, *Wahrscheinlichkeit*）；布罗德：《亨利克·冯·赖特论归纳逻辑（I-III）》（下称："布罗德：《亨利克·冯·赖特》"），第1—24、97—119、193—214页（Broad, 'Hr. von Wright', 1-24, 97-119, 193-214）。

④ 厄尔巴赫：《文献执行人》，第11—13页。

第四章 维特根斯坦文集

具有德国—奥地利高雅文化的代表。① 对冯·赖特而言，这种文化是他自己父系遗产的一部分，虽然它正处于消失的边缘，但他仍心向往之。② 在冯·赖特眼里，维特根斯坦一个很重要的形象就是作为这种"昨日世界"的具体体现，甚至在冯·赖特于"二战"后重返剑桥时仍然持有这种看法——他首先是在1947年参加了维特根斯坦最后的讲座，然后在1948年接替他成为哲学教授。③ 在随后一段时间里，维特根斯坦有时住在冯·赖特的家中：

> 当维特根斯坦与我们在一起时，我们每天都会谈话，有时谈论他当时正在研究的东西，有时谈论我当时在研究的逻辑学话题，但我们更多的是谈论文学、音乐和宗教，以及那些或许最好应该被称作历史和文明哲学的问题。维特根斯坦有时向我朗读他最喜爱的作家的作品，例如格林童话或戈特弗里德·凯勒（Gottfried Keller）的《苏黎世故事集》（Zuericher Novellen）。他坐在病房里的椅子上大声朗读歌德的《赫尔曼和多罗泰》时的声音和表情让我永生难忘。④

---

① 参考图尔明、雅尼克《维特根斯坦的维也纳》（下称："图尔明、雅尼克：《维也纳》"）（Toulmin and Janik, *Vienna*），以及雅尼克《再思维特根斯坦的维也纳》（下称："雅尼克：《再思》"）（Janik, *Revisited*）。
② 赖特：《与凯拉的通信》，1939年6月6日；参考厄斯特曼《他是个完美的自然存在——也是个完美的维也纳人：1939年冯·赖特和维特根斯坦在剑桥》（下称："厄斯特曼：《完美的维也纳人》"）（Österman, 'Perfect Viennese'），以及图尔明、雅尼克《维也纳》，第11页。
③ 赖特：《我的生活》，第132—133页；厄尔巴赫：《文献执行人》，第21—25页。
④ 赖特：《自传》，第15页。

这就为冯·赖特钦赞维特根斯坦的伟大做好了铺垫,他认为维特根斯坦是能"跻身于德语经典散文作家之列"的哲学家。① 冯·赖特由此产生的雄心壮志——为了让读者能把维特根斯坦理解为是扎根于他所处的历史、社会和文化背景中的人而编辑维特根斯坦的文本和文档——就是能够统合他作为维特根斯坦文献继承人所做工作的各个不同层面的线索:他从维特根斯坦的遗作里出版了书籍,保存了维特根斯坦的所有著作和通信并使它们可被获取,还就有关维特根斯坦作品起源的问题进行了一些研究。

第五节　保存维特根斯坦的遗作

当冯·赖特于1965年编纂第一本一般评论集时,他就意识到他连维特根斯坦著作的完整复印件都没有。② 他也知道保存在安斯康姆和里斯家中的文件始终面临各种风险;正如前面所述,曾用于出版《哲学研究》的那些打字稿已经丢失了,同样地,里斯留在电话亭里的"摩尔卷"也丢了。③ 因此,冯·赖特希望采取一些手段来保存所有文件以供未来研究。他重提马尔康姆之前提出的想法,即创建一些

---

① 赖特:《传略》,第544页;安斯康姆持有相似的看法,参考厄尔巴赫、多斯桑托斯·雷斯和荣格《BBC电台谈话》,第239页。

② 赖特:《与马尔康姆的通信》,1966年12月3日。冯·赖特估计那些他没有复印件的手稿在牛津大学约有1000页,在斯旺西大学约有1500页。

③ 参见本书的第四章第二节。后来,保存在奥地利的部分遗作在苏富比被拍卖;参见赖特《与里斯的通信》,1969年。

第四章　维特根斯坦文集

手稿的复印件,只不过现在把范围扩大到整个遗作。① 里斯还是不接受这个想法,因而需要和他进行严肃的磋商以说服他。② 然而,当《哲学语法》即将出版时,他拒绝这个想法的理由变得更少了。因为马尔康姆已经通过协商让康奈尔大学同意支付制作微缩胶片的费用,并安排他自己和冯·赖特监督拍摄工作,里斯最终同意了:

> 伊丽莎白和里斯现在回复了我们关于拍摄维特根斯坦遗作的新提议。他们同意了——我想里斯也同意了,但他的信非常情绪化,他讨厌这个想法。③

一年之后,冯·赖特将所有手稿装入沉重的手提箱并将它们带到了牛津。④ 这样,连同安斯康姆保存的材料,大部分当时已知的维特根斯坦遗作都被收集在牛津,1967 年至 1968 年之间制作微缩胶片的拍摄工作也是在这里展开的。⑤ 但是,文稿执行人还是不愿意公开维特根斯坦的加密评论。为此,他们首先制作了一个未审核的微缩胶片版本,然后又指示在第二次拍摄时覆盖掉这些内容。⑥ 这样一来,学者们依然不能接触维特根斯坦的加密评论。但除了这种审核外,微缩胶片记录了当时已知的维特根斯坦著作的全部内容。胶片被送到

---

① 赖特:《与里斯的通信》,1965 年 12 月 15 日,收于厄尔巴赫《被忽视的材料》,第 93 页。
② 厄尔巴赫:《被忽视的材料》,第 91—94 页。
③ 赖特:《与马尔康姆的通信》,1966 年 12 月 3 日。同意书是在 1967 年春签订的。
④ 赖特:《与里斯的通信》,1968 年 10 月。
⑤ 赖特:《维特根斯坦文集》,第 38 页。
⑥ 马尔康姆最先提出了覆盖加密评论的想法;参见厄尔巴赫《被忽视的材料》,第 93 页。

康奈尔大学,然后被复印到纸上,最终形成了117卷的装订本。

  康奈尔大学图书馆还制作了一份名为"维特根斯坦文集"(The Wittgenstein Papers)的目录。[①] 但冯·赖特发现这个目录里有很多错误。他再次仔细浏览了胶片,并制作了一个全面修订后的目录,该目录使用了一种编码系统,该系统为每个文件都分配一个明确的编号,并区分了手稿、打字稿和口述文件。[②] 这个目录的出版——它依然为维特根斯坦遗作提供着一个权威体系结构——连同关于研究机构可以从康奈尔大学购买维特根斯坦文集副本的公告,使得学者们能够接触到维特根斯坦的遗作。[③]

  康奈尔大学制作完微缩胶片后,里斯和安斯康姆将他们所拥有的文献交给了剑桥大学三一学院。这些文件现在保存在雷恩图书馆(Wren Library)。[④] 至此,历经十八年的编辑活动,维特根斯坦的著作终于找到了一个安全的归宿。

[①] 赖特:《与里斯的通信》,1968年11月18日。
[②] 赖特:《维特根斯坦文集》,第35—62页。
[③] 对于目录结构的批判性讨论,参见施密特《维特根斯坦遗作的目录——一些建议》(下称:"施密特:《一些建议》")(Schmidt, 'Some Suggestions')和史密斯:《记录的宏过程:关于维特根斯坦遗作目录化的一个观点》(下称:"史密斯:《记录的宏过程》")(Smith, 'Documenting Macroprocess')。
[④] 与三一学院的一个协议得以达成,根据该协议,当最后一位在世的文稿执行人离世时,由三一学院接管版权。但是,双方还同意,文稿执行将指定继任者,后者作为受托人成员应该在有关出版维特根斯坦遗作方面的问题上继续提供咨询意见。在达成这个协议后,安斯康姆也在1969年搬到剑桥,因为继冯·赖特和约翰·韦斯顿(John Wisdom)之后,她也被授予了维特根斯坦曾经担任的那个教授职位。

第五章

迈向学术版的第一步

第一节　一次学术非难

　　康奈尔大学的微缩胶片和冯·赖特撰写的目录为所有后续有关维特根斯坦遗作的学术研究提供了帮助。除了文献继承人外，第一批查看康奈尔微缩胶片的学者中，有一位是当时在牛津担任讲师的安东尼·肯尼（Anthony Kenny）。肯尼于1972年的初夏在海德堡大学逗留期间，起草了《哲学语法》的一个英译本。① 同年夏末，他与他的岳父一起待在伊萨卡，并查看了微缩胶片。肯尼在查阅"大打稿"的复印件时发现，《哲学语法》的原本要比他在阅读这本书时所认为的更加"异质"（heterogeneous）。② 他随后提议就这些差异写一篇说明文章，并把它作为译者按语放在英译本里，同时附上"大打稿"那令人印象深刻的目录。③

　　考虑到《哲学语法》经历过长时间的哲学共创过程，所以我们很容易理解，在里斯看来，肯尼的提议并没有多大意义。④ 起初肯尼接受了对其提议的否定，但他最终还是在《从"大打字稿"到〈哲学语法〉》一文中发表了他关于这些差异的说明。⑤ 他在这篇

---

　　① 里斯:《与肯尼的通信》，1972年8月27日。
　　② 里斯:《与肯尼的通信》，1972年8月27日。参见本书的第二章第四节和第三章第五节以及附录1的A.3。
　　③ 里斯:《与肯尼的通信》，1972年8月27日。参见本书的第二章第四节和第三章第五节以及附录1的A.3。
　　④ 里斯:《与肯尼的通信》，1973年2月27日，收于厄尔巴赫《哲学理由》，第137—138页。参见本书的第三章第五节和第三章第六节。
　　⑤ 肯尼:《从"大打字稿"到〈哲学语法〉》（下称:"肯尼:《到〈哲学语法〉》"）(Kenny, 'To the *Philosophical Grammar*')。有趣的是，肯尼的文章出现在一部纪念冯·赖特的书里。

第五章 迈向学术版的第一步

文章中提出,尽管里斯不遗余力地试图提供一个"大打稿"的最终修订版,但这一目标实际上并未实现,而且也不可能实现;因为这必然会掺进太多的武断决定,所以还不如将原始打字稿原样出版。① 最引人注目的是,肯尼指出不管是德文版还是英文版本都略去了"大打稿"中间部分的几整章,例如题为"哲学"的章节,从而也略去了维特根斯坦"对哲学方法的生动比喻"。② 肯尼说,所有读者都会觉得"这些重要且吸引人的章节"被无声息地略去是很奇怪的事。③

事实上,里斯既没有试图为"大打稿"提供一个最终修订版,也没有想要把"哲学"一章隔离于公众视野之外,但人们很容易就会从肯尼的文章中得出这样的印象。④ 肯尼由此挑起并强化了对里斯的一种猜疑:

> 我觉得一般哲学大众对维特根斯坦遗作的感觉有点像罗马平民对凯撒的遗嘱的那种感觉。这里也存在着"三巨头",对于遗嘱里写了什么,我们也只有他们的说法。谁知道凯撒是不是把台伯河两岸的花园都留给我们了呢?⑤

里斯对此并不在意;他只是扪心自问:

---

① 肯尼:《从"大打字稿"到〈哲学语法〉》,第41—53页。
② 肯尼:《从"大打字稿"到〈哲学语法〉》,第45页;相比于《哲学语法》,里斯从"大打字稿"(即第213号打字稿,第486r—528r页)里删掉了"哲学"(第213号打字稿,第406r—435r页)、"现象学"(第213号打字稿,第436r—485r页)、"观念论"(第213号打字稿,第486r—528r页)这几章。参见本书的第二章第四节和第三章第五节以及附录1的A.3。
③ 肯尼:《到〈哲学语法〉》,第47页。
④ 赖特:《与里斯的通信》,1976年1月22日,收于厄尔巴赫《哲学理由》,第135页。
⑤ 里斯:《与肯尼的通信》,1973年3月20日,收于厄尔巴赫《哲学理由》,第138页。

"维特根斯坦会希望怎样？他希望这样吗？这是否有点像是他会做的事或他希望我们做的事？"和其他想法相比，我认为这更是我该想的。而不是："一般哲学大众希望怎样？"①

即使是这样，肯尼的文章表明，一批具有更高的文本批判意识的新一代维特根斯坦学者正在崛起。《从"大打字稿"到〈哲学语法〉》一文将成为一种新型的维特根斯坦文献学的蓝图，以及对文献执行者的编辑工作进行学术批评的模板。

第二节 文献学批判 I：牛津学者和冯·赖特

牛津大学是新型文本批判式（text-critical）维特根斯坦学术研究的一个中心。肯尼在巴利奥尔学院（Balliol College）开设了关于"中期维特根斯坦"的讲座，有一位来自德国的年轻学生约阿希姆·舒尔特（Joachim Schulte）也参加了这些讲座。② 多年之后，肯尼和舒尔特都成了维特根斯坦遗作的受托人。③ 舒尔特也是麦奎尼斯（McGuinness）的学生、后来的同事和朋友，麦奎尼斯则是牛津大

---

① 里斯：《与肯尼的通信》，1973年3月22日，收于厄尔巴赫《哲学理由》，第138—139页。

② 舒尔特：《回忆乔治·亨利克·冯·赖特》（下称："舒尔特：《回忆》"，第187页（Schulte,'Memories', 187）。

③ 参见本书第四章第五节的注释214和第六章第二节。该注释中提到的注释214实际上属于第五章第一节；结合原文的意思，此处应该指的是第四章第五节的注释213（译本第 X 页的注释 N）。——译者注

第五章　迈向学术版的第一步

学以历史和文献学为导向的维特根斯坦学术研究的另一位主要人物。在 20 世纪 50 年代，受吉尔伯特·赖尔讲座的启发，麦奎尼斯和大卫·皮尔斯（David Pears）创作了《逻辑哲学论》的一个译本，试图提供一个比之前的拉姆齐（Frank P. Ramsey）译本更接近维特根斯坦德文的译本。① 在 1960 年代，麦奎尼斯编辑了已故的魏斯曼（他是另一个将维特根斯坦思想引入牛津的源头）的论文，并与里斯就此问题保持着联系。② 现在麦奎尼斯把自己的学术志向告诉了冯·赖特。他们合作编辑了《逻辑哲学论》的一个早期版本——这个版本是冯·赖特在 1965 年访问奥地利时发现的，也就是所谓的《〈逻辑哲学论〉初稿》（*Prototractatus*）——还添加上了冯·赖特关于《逻辑哲学论》起源的研究，从而制成了一个摹本珍藏版。③

带着类似的历史的和文本批判的兴趣，冯·赖特将目光转向了《哲学研究》。这使他意识到维特根斯坦的遗作是一个文献语料库——一批值得保存并完全按照作者本人把它们留下来的样子进行呈现的手稿库。就像里斯一样，冯·赖特每天都阅读维特根斯坦的评论，但与里斯不同的是，他不再希望按照这种哲学性的解读来指导他的编辑工作。④ 冯·赖特开始专注于他所谓的"外部性"（externali-

---

① TLP 1961，参考哈勒令《吉尔伯特·赖尔和〈逻辑哲学论〉》（下称："哈勒令：《赖尔和〈逻辑哲学论〉》"），第 39—53 页（Harré, 'Ryle and the Tractatus', 39-53）。

② 参见本书的第三章第四节。对于维特根斯坦学术研究而言，始于牛津的另外一些重要维度，是广泛地利用遗作进行极为有影响力的注疏。参看哈克、贝克《〈哲学研究〉1—4 卷的分析性注疏》（下称："哈克、贝克：《分析性注疏》"）。

③ PT 1971；赖特：《我的生活》，第 162 页。

④ 毛利：《口述历史访谈》（下称："毛利：《访谈》"）（Maury, 'Interview'）。

ties）。① 为了系统地录入当时已知的四部《哲学研究》的早期版本，他在芬兰科学院雇用了两名助手，海基·尼曼（Heikki Nyman）和安德烈·毛利（André Maury）。在录入时，每一页都只呈现一个评论，且包含维特根斯坦该评论的所有版本。② 虽然由此产生的打字稿——也就是所谓的"赫尔辛基版"（Helsinki Edition）——并未出版，但被分发给了相关同行。③ 随后，尼曼和毛利在不同版本中交叉引用了这些评论，冯·赖特则将他的一些发现进行了整理，由此形成了关于《哲学研究》成书情况的第二个历史性研究。④

冯·赖特的历史文献学研究不仅激励了志同道合的青年学者，也引发了人们对文献继承人先前出版的著作的批评。冯·赖特越来越确信需要"彻底地修订已出版著作的主体内容"，并且他与里斯一起对《关于数学基础的评论》进行了修订。⑤ 冯·赖特也赞同肯尼对里斯的编辑工作的批评，并最终质疑安斯康姆和里斯决定在《哲学研究》中加入"第二部分"的依据——尽管出于对里斯的尊重，他在后者还活着的时候没有公开发表这一疑问。⑥

---

① 冯·赖特：《维特根斯坦》，第 11 页。
② 毛利：《口述历史访谈》，第 7—10 页。
③ 斯特恩：《可得性》，第 464—465 页；"赫尔辛基版"是 PU 2001 的基础。参见本书第六章第四节。
④ 赖特：《起源和写作》，第 111—136 页；参考毛利《维特根斯坦〈字条集〉中评论的来源》（下称："毛利：《〈字条集〉的来源》"），第 57—74 页（Maury, 'Sources of Zettel', 57-74）和毛利《维特根斯坦〈哲学研究〉中评论的来源》（下称："毛利：《〈哲学研究〉的来源》"），第 349—378 页（Maury, 'Sources of Philosophical Investigations', 349-378）。
⑤ RFM 1974 和 RFM 1978；赖特：《维特根斯坦文集》，第 60 页；赖特：《与里斯的通信》，1971—1972。
⑥ 赖特：《疑难始末》，第 181—192 页；赖特：《与里斯的通信》，1982 年 3 月 15 日。

第五章　迈向学术版的第一步

第三节　文献学批判 II：牛津和图宾根结盟

除了赫尔辛基和牛津，图宾根大学成为对基于维特根斯坦遗作的出版物展开文本批判的第三个重要基地。1970 年代，德国年轻的文献学家都受到了迪特里希·萨特勒（Dietrich Sattler）立志于批判性地编辑荷尔德林全集这一巨大抱负的感召。他们支持历史—批判性的编辑原则，这与学术界老一辈把专家直觉当作编辑原则相悖。[①]在图宾根，这股力量与该大学的数据处理部门合流，形成了这样的一个思想氛围：一群各式各样的学者开始试图依赖计算机为维特根斯坦的遗作制作一个转录版。[②] 这个想法最初是在一个由意大利神学家米歇尔·兰切蒂（Michele Ranchetti）发起的读书会里产生的，兰切蒂那时正在图宾根进行研究工作。

兰切蒂在里斯编辑的多卷书籍里发现了很多令他着迷的维特根斯坦的评论。他甚至把其中一些卷次翻译成了意大利语，并希望使用康奈尔的微缩胶片制作新的书籍。[③] 但兰切蒂和老派的人文主义者类

[①] 荷尔德林：《全集》（Hölderlin, Sämtliche Werke）；参考格罗德克、马滕斯、罗伊斯、斯特朗格尔《关于法兰克福版荷尔德林全集第 7 卷和第 8 卷的对话》（下称："格罗德克、马滕斯、罗伊斯、斯特朗格尔：《对话》"），第 1—55 页（Groddeck, Martens, Reuß and Straengle, 'Gespräch', 1-55）。

[②] 厄尔巴赫：《图宾根戏剧：一个人性和科技的故事》（下称："厄尔巴赫：《戏剧》"），第 8—9 页（Erbacher, 'Drama', 8-9）。

[③] 厄尔巴赫：《图宾根戏剧：一个人性和科技的故事》，第 8 页。兰切蒂其中的一个翻译，可参见兰切蒂《关于伦理学、美学、心理学和宗教信仰的讲演与对话》（下称："兰切蒂：《讲演》"）（Ranchetti, Lezioni）。

似，完全不懂技术。所以他向读书会里的迈克尔·内多（Michael Nedo）寻求帮助。内多在马克斯·普朗克生物声学研究所（Max Planck Institute for bio-acoustics）做研究。① 这样，内多、兰切蒂和兰切蒂的一个博士马里奥·罗索（Mario Rosso）开始讨论制作一个完全机器可读的转录版，并在图宾根大学找到了能把这个梦想转变为一个研究提案的合适的教授。这个人就是于尔根·赫林格（Jürgen Heringer），他是一位曾在海德堡研究过维特根斯坦的语言学家，而且他认为利用维特根斯坦的遗作来开发一种能自动识别相似文本的算法很有希望。② 接着他们向里斯提出了这个想法。里斯不知道该如何对待这一想法，所以当他看到该提案在1975以失败告终时可能松了一口气。③

尽管这个提案以失败告终，但内多依然致力于编辑维特根斯坦的著作。他搬到了剑桥。在德国蒂森基金会（German Thyssen Foundation）的个人奖学金资助下，他计划制作一版新的、不经审查的维特根斯坦遗作的微缩胶片。④ 内多在剑桥的工作得到了文稿执行者的支持，并引起了牛津的维特根斯坦学者的注意。过了一段时间，蒂森基金会鼓励他提交一个大型研究项目的新提案。⑤ 为了准备这个提案，内多邀请了大部分刚在学界崭露头角的牛津维特根斯坦学者参加1977年春季在图宾根举行的研讨会。

---

① 厄尔巴赫：《戏剧》，第9页。
② 厄尔巴赫：《戏剧》，第11页。
③ 厄尔巴赫：《戏剧》，第13页。
④ 厄尔巴赫：《戏剧》，第13—14页。
⑤ 厄尔巴赫：《戏剧》，第14—15页。

在图宾根的研讨会上，大家讨论了编辑维特根斯坦的著作会遇到的挑战，展望了利用"计算机化数据库"产生一个完全排除编辑诠释的全集版。① 肯尼认为，这标志着"维特根斯坦研究进入了一个新阶段"。② 然而，里斯认为"大部分针对'诠释'的自以为是的恐慌——不管是在图宾根还是在牛津——都让人感到费解，而且经常只是一种诡计（eine Sophisterei）"。③ 冯·赖特调和了这些相互冲突的观点，并说服里斯支持这个新提案。这次这个提案通过了。④ 随后不久，在1978年秋季，图宾根大学维特根斯坦档案馆正式落成。⑤

第四节　图宾根大学维特根斯坦档案馆的瓦解

图宾根大学的维特根斯坦档案馆满怀着希望投入运营。它的运营团队有六个人：内多和赫林格是领导者，兰切蒂和麦奎尼斯是专家顾问，罗索和舒尔特是下属研究员。⑥ 此外，科学协调员莱因哈德·诺瓦克（Reinhard Nowak）指导了几个转录员，后者很快就取得了可观的进展。⑦ 然而不久，一个很明显的问题就暴露了出来，这个项目的资金和时限都不足以支撑近2万页全集的完整转录工作。⑧ 为了延

---

① 肯尼：《简史》，第345页。
② 肯尼：《简史》，第345页。
③ 赖特：《与里斯的通信》，1977年4月20日，收于厄尔巴赫《戏剧》，第16页。
④ 赖特：《与里斯的通信》，第18—19页。
⑤ 赖特：《与里斯的通信》，第18—19页。
⑥ 赖特：《与里斯的通信》，第19页。
⑦ 赖特：《与里斯的通信》，第20页。
⑧ 赖特：《与里斯的通信》，第20—21页。

续这个项目,第二届维特根斯坦研讨会于1979年夏季在图宾根举办。

在图宾根举办的这次第二届维特根斯坦研讨会此后将会被看作整个项目的高潮。它聚集了当时维特根斯坦学术界所有的有名人士,并给为期一周的报告和讨论提供了一流的环境。① 最后,这次会议完成了它的主要使命:文稿执行人授予了图宾根团队独家的权利以制作维特根斯坦著作的历史—批判版。这个版本的制作还将受到海德堡科学院的支持。② 但是,这个伟大的愿景从未落地。因为,就在最关键的时候,项目组成员之间的信任关系恶化了,他们担心他们并没有朝同一个目标而努力。内多大部分时间都在剑桥,在图宾根工作的人越来越不了解他到底在做什么;他们开始怀疑他会追求自己的目标。③ 与此同时,当这个在海德堡科学院支持下的大型编辑项目开始落实时,内多又觉得这个项目在朝着他并不支持的方向发展。④

1980年4月,这种潜在的冲突公开化,图宾根团队希望内多辞去领导职务。他们向文献执行人发了一封信表达了这个意愿。⑤ 这使得文稿执行人感到恼怒,并担心图宾根的工作失控。德国的教授们也开始对该团队的能力表示怀疑,冯·赖特还得知维特根斯坦遗作里的加密评论已经从图宾根档案馆泄露了出去,并被公之于众。⑥ 为了获知更多的情况,安斯康姆和里斯参加了该团队在牛津举行的一次

---

① 赖特:《与里斯的通信》,第24页。
② 赖特:《与里斯的通信》,第25页。
③ 赖特:《与里斯的通信》,第26—27页。
④ 赖特:《与里斯的通信》,第26—27页。
⑤ 赖特:《与里斯的通信》,第28页。
⑥ 赖特:《与里斯的通信》,第30页。

会议，该会议的目的是讨论一个学术注疏版的出版计划。① 安斯康姆绝不允许出版这样的版本；她希望团队放弃这个目标。② 但是，这个团队拒绝接受这个提议，于是他们失去了安斯康姆的信任。她和里斯呼吁图宾根大学的校长关闭这个档案馆。③

后来，图宾根大学的校长和主席前往剑桥，试图用新的管理模式来拯救这个项目，但未能成功。④ 当档案馆永久关闭时，关于其解散的传言在德国学术界传播甚广，远超该项目所取得的学术成果，这极大地阻碍了德国的维特根斯坦研究。

第五节　维特根斯坦著作编辑活动中的"冷战"

发生在图宾根档案馆内部的信任破裂事件，也对三位维特根斯坦文稿执行人产生了影响：冯·赖特事后才获知安斯康姆和里斯曾给出关闭图宾根档案馆的要求，他抱怨说自己不会同意采取如此极端的措施。⑤ 这只是三人之间最初的轻微不和，但当安斯康姆强烈地拒绝继续与布莱克威尔合作时——布莱克威尔已经有超过三十年的出版维特根斯坦著作的历史——这种不和就被进一步放大了。⑥ 安斯

---

① 赖特：《与里斯的通信》，第 31 页。
② 赖特：《与里斯的通信》，第 31 页。
③ 赖特：《与里斯的通信》，第 31—32 页。
④ 赖特：《与里斯的通信》，第 33—34 页。
⑤ 赖特：《与麦奎尼斯的通信》，1981 年 3 月 6 日；赖特：《与安斯康姆的通信》，1981 年 6 月 3 日。
⑥ 赖特：《与安斯康姆的通信》，1982—1983。

康姆之所以拒绝与之合作，是因为双方在版税问题上未达成一致，从而导致信任破裂。冯·赖特催促安斯康姆和里斯完成他们三人一起编辑的著作集，因为只有《关于心理学哲学的最后著作》第二卷尚待出版。① 然而，尽管该卷在 1982 年就已经准备好印刷，但还需要再花十年安斯康姆才会给出她的许可。

安斯康姆和里斯——后者并不理解安斯康姆为何要与布莱克威尔决裂——支持内多为了完成维特根斯坦著作的历史—批判版而申请资金。② 然而，这个项目成为一场耐力考验，因为资金多次中断，而内多的进展又非常缓慢。内多在设计维特根斯坦著作的格式方面追求完美；他还对排版进行了实验，甚至设计了一种特殊字体。③ 所以，由此产生的"维也纳版"（*Vienna Edition*）的前五卷直到 20 世纪 90 年代中期才问世。④

冯·赖特认为图宾根档案馆瓦解后的这些年是一段"痛苦之路"（*via dolorosa*）。⑤ 他开始觉得文稿执行人将会违背维特根斯坦的遗愿。里斯听天由命地补充说他们就像"内角和加起来永远不到 180 度的三角形"。⑥ 没有安斯康姆的同意，就没有可能从维特根斯坦的著作中出版新的版本。⑦ 因此，冯·赖特将时间用于巩固到目前为止已经出

---

① LW 1992.
② 赖特：《与安斯康姆的通信》，1982—1988；赖特：《与里斯的通信》，1982—1988。
③ 内多：《口述历史访谈》（下称："内多：《访谈》"）（Nedo, 'Interview'）。
④ Wi 1-5.
⑤ 赖特：《我的生活》，第 163 页。
⑥ 赖特：《与里斯的通信》，1982 年 12 月 4 日；这就像是彭罗斯不可能三角造成的幻象。参见彭罗斯《不可能的对象：一种特殊类型的幻象》（下称："彭罗斯：《不可能的对象》"），第 31—33 页（Penrose, 'Impossible Objects', 31-33）。
⑦ 参考赖特《与安斯康姆的通信》，1981 年 4 月—6 月。

版的著作,并支持那些他认为做得不错的人的工作。

冯·赖特继续与麦奎尼斯合作;在编辑维特根斯坦的部分信件时,两人还与舒尔特合作,后者当时正将维特根斯坦过世后出版的许多信件和讲演翻译成德语,而且还编纂着一卷短篇著作。① 舒尔特还为一家德国出版社苏尔坎普(Suhrkamp)修订了著作集系列,并与麦奎尼斯合作,最终出版了一版在文献学上改进了的《逻辑哲学论》。② 没有舒尔特持续专注且专业的工作,这些著作的出版是不可能的;尽管发生了图宾根事件和与文献执行人停止合作的事件,这些工作在德国对维持和激发人们对维特根斯坦著作的兴趣方面作了重大贡献。

第六节 维特根斯坦传

尽管在20世纪80年代,从维特根斯坦的遗作里制作新书的工作停滞不前,但关于维特根斯坦生平报告的研究却如火如荼。维特根斯坦隐居且不寻常的生活方式在剑桥一直是八卦的对象,他去世后不久就已经有了误导性的描述出版或在准备出版。③ 当时文稿执行人就

---

① LFM 1976;WWK 1979;CB 1980(麦奎尼斯、冯·赖特编,舒尔特译:《通信》,1980);AWL 1984(舒尔特译:《1932—1935年剑桥讲演集》,1984);LWL 1984(李编:《维特根斯坦1930—1932剑桥讲演集》,1984),YB 1979(安布罗斯编,舒尔特、麦奎尼斯译:《黄皮书》,1979),MDC 1987(德鲁里:《与维特根斯坦的对话》,载于里斯编《回忆维特根斯坦,1981》),PGL 1988。

② 《维特根斯坦著作集》(1—8卷)(*Werkausgabe 1-8*);TLP 1989。

③ 赖特:《传略》,第528页;参考克兰斯顿《肖像》,第495—497页;费拉特·莫拉:《毁灭》,第489—495页。哈耶克:《传记草稿》,第28—82页。

已经觉得有义务对此进行干预了。① 1973年发生的事情就属于这种情况，这一年威廉·巴特利（William Bartley）声称维特根斯坦有同性恋行为。② 这无疑引起了很大的好奇心，但同时也让人们觉得文稿执行人在操控维特根斯坦的公众形象。未经授权的《秘密日记》（*Geheime Tagebücher*）一书的出版也附和着这些曲调。这本书展现的是维特根斯坦"一战"期间的笔记本中的加密评论——安斯康姆和冯·赖特在他们所编辑的出版物里略去了这些评论。③ 威廉·鲍姆（Wilhelm Baum）从图宾根档案馆里复制了这些内容，并在文稿执行人不知情的情况下制作了可供获取的副本。④

但是，维特根斯坦去世以后，也有许多可靠的历史文件、回忆录和信件面世——里斯自己也刚刚编辑了一套朋友们回忆维特根斯坦的文集。⑤ 因此，不只是文稿执行人希望读到一本像样的传记。还有一个因素也滋养了这种愿望：人们开始看到在维特根斯坦的生活和他的作品之间存在着实质性的联系，这尤其是由于冯·赖特所编的《文化与价值》——其中包含了一些精选的维特根斯坦关于宗教、音乐、建筑和社会的评论——所起到的作用。⑥ 里斯认为冯·赖特本人

---

① 安斯康姆：《致编辑》，第97—98页；厄尔巴赫：《第一部维特根斯坦传》，第9—26页。
② 巴特利：《维特根斯坦》，第38—40、47—51页（Bartley, *Wittgenstein*, 38-40, 47-51）；里斯：《维特根斯坦》，第66—78页；Anscombe, 'TLS', X；蒙克：《维特根斯坦传：天才之为责任》（下称："蒙克：《责任》"）第581—586页（Monk, *Duty*, 581-586）。
③ 参见本书的以下章节：第二章第一节、第二章第五节、第四章第二节、第四章第三节、第四章第五节和第五章第四节以及附录1的A.1。
④ GT 1985a/b（《加密日记》，1985），GT 1991（鲍姆编：《加密日记》，1991）；鲍姆：《一战时的维特根斯坦》（下称："《一战》"），第35页（Baum, *Weltkrieg*, 35）。
⑤ 里斯：《回忆维特根斯坦》（下称："里斯：《回忆》"）（Rhees, *Recollections*）。
⑥ VB 1977, VB 1980, VB 1994和VB 1998，参见本书的第四章第三节。

第五章 迈向学术版的第一步

或维特根斯坦最亲密的朋友之一莫里斯·奥康纳·德鲁里（Maurice O'Connor Drury）也许有能力写一本传记，但两人都觉得自己不适合做这个工作。① 然而，有一个人不仅对已出版的历史性材料有着深入的了解，而且还发现并编辑了其中一部分，这个人就是布瑞恩·麦奎尼斯。② 他也认为现在是写维特根斯坦传的时候了，并愿意承担这项工作。③

为了支持麦奎尼斯的工作，冯·赖特允许麦奎尼斯使用自己所掌握的全部材料，还把他介绍给维特根斯坦家族，后者给予了他热情的欢迎并为他提供了坦率的信息。④ 在传记撰写过程中，麦奎尼斯倾注了如此多的心血、思想和学术研究，以至于他写传记第一部分的时间几乎和"维特根斯坦过这段日子的时间"一样长。⑤ 然而，就在《青年路德维希》（*Young Ludwig*）于1988年出版后不久，第二部详尽的传记就问世了：雷·蒙克生动的《天才之为责任》（*Duty of Genius*）广为流传，以至于麦奎尼斯认为已经没有必要完成他自己所写的关于维特根斯坦生平第二部分。⑥ 尽管没有出版第二卷，但麦奎尼斯收集的资料和他对《逻辑哲学论》之后的一段时期里维特根斯坦

---

① 赖特：《维特根斯坦》，第2页；赖特：《与里斯的通信》，1967年2月20日。
② 比如：CPE 1967（麦奎尼斯编，福特穆勒译：《维特根斯坦的来信》，1967），WLP 1976, WWK 1967, PT 1971。
③ 麦奎尼斯：《口述历史访谈》（下称："麦奎尼斯：《访谈》"）（McGuinness, 'Interview'）。
④ 麦奎尼斯：《青年路德维希》，第ix—x页；麦奎尼斯：《访谈》。
⑤ 哈耶克：《传记草稿》，第85页。麦奎尼斯档案馆已迁移至因斯布鲁克大学布伦纳研究所档案馆。
⑥ 麦奎尼斯：《访谈》。蒙克在"前言"中表明，相比于他和冯·赖特或安斯康姆的讨论，他与里斯的讨论在更大的程度上影响了他在传记中对维特根斯坦的刻画；参考蒙克《责任》，第xii页。

生活的研究,保存下了维特根斯坦多样化的个性,这是单靠一本专著难以企及的。① 正如无法用某种单一的理论来概括维特根斯坦的哲学,他的一生也无法尽揽于哪一本传记。

---

① 比如:WC 2012;麦奎尼斯:《思路》,第3—54、177—242页。麦奎尼斯:《莫里茨·石里克》(下称:"麦奎尼斯:《石里克》"),第41—68页(McGuinness, *Schlick*, 41-68)。

第六章

近来的学术版

第一节　挪威维特根斯坦项目

在未受发生在牛津、剑桥和图宾根的事件影响的情况下，北欧形成了另一个维特根斯坦研究的重镇：挪威。正是在这个国家，维特根斯坦在《逻辑哲学论》（1913—1914年）和《哲学研究》（1936年）里的探索曾取得突破。①

挪威人之所以会对维特根斯坦的著作产生学术兴趣，主要源于冯·赖特和克努特·埃里克·特拉诺伊（Knut Erik Tranøy）之间的亲密友谊。② 特拉诺伊曾于20世纪40年代末居住在冯·赖特剑桥的家里，此后从事学术哲学研究。当他在1959年成为卑尔根大学第一位哲学教授时，他就把他对维特根斯坦的兴趣引进到了挪威。③ 特拉诺伊的第一位助手雅各布·梅勒（Jakob Meløe）对维特根斯坦过世后出版的那些遗作产生了浓厚兴趣，并将这种兴趣传递给了他的许多学生。④ 此外还有维格·罗斯韦尔（Viggo Rossvær），他从冯·赖特那里听说了康奈尔大学的微缩胶片。⑤ 这些以及其他一些挪威学者

---

① 参考赖特《传略》，第531、540页；蒙克：《责任》，第91—105页。
② 赖特：《我的生活》，第139—140页。
③ 厄尔巴赫：《来自挪威的信件》（下称："厄尔巴赫：《信件》"），第580—581页（Erbacher, 'Brief', 580-581）。
④ 约翰内森：《口述历史访谈》（下称："约翰内森：《访谈》"）（Johannessen, 'Interview'）；诺登斯塔姆：《口述历史访谈》（下称："诺登斯塔姆：《访谈》"）（Nordenstam, 'Interview'）。
⑤ 罗斯韦尔：《口述历史访谈》（下称："罗斯韦尔：《访谈》"）（Rossvær, 'Interview'）。

第六章　近来的学术版

联合在一起申请了挪威研究委员会（Norwegian Research Council）的资助，以使当时挪威的四所大学能够购买和研究康奈尔大学的胶片副本。① 这就为"挪威维特根斯坦项目"（Norwegian Wittgenstein Project）奠定了基础。

挪威维特根斯坦项目里也有转录的工作，但其目的仅是获得一个可读的资料，而不是出版。② 然而，1981年，罗斯韦尔结识了图宾根档案馆的科学协调员诺瓦克。当两人于1982年再次在杜布罗夫尼克相遇时，罗斯韦尔知道了图宾根档案馆衰落的情况。③他们随即产生了在挪威继续展开图宾根已经开始的那项工作的念头。1984年，赫林格派遣了一名助手前往挪威，交接了在图宾根维特根斯坦档案馆已经完成的转录磁带。④冯·赖特支持这一进展，因为他认为这是完成遗作转录的绝佳机会。⑤ 然而，由于安斯康姆支持内多的编辑志向，所以她不同意在挪威进行任何转录工作，除非把图宾根的磁带移交给内多。但是挪威人已经承诺不会这样做。⑥ 因此事情陷入了僵局；在挪威进行的维特根斯坦著作的转录工作事实上已经停了下来。

1985年，挪威维特根斯坦项目的新负责人克劳斯·休特费尔特（Claus Huitfeldt）试图解决这个问题，以便继续在挪威转录维特根斯

---

① 休特费尔特、罗斯韦尔：《挪威维特根斯坦项目报告》（下称："休特费尔特、罗斯韦尔：《挪威维特根斯坦项目》"）第6—16页（Huitfeldt and Rossvær, *Norwegian Wittgenstein Project*, 6-16）。

② 休特费尔特、罗斯韦尔：《挪威维特根斯坦项目报告》，第6—9页。

③ 诺瓦克：《与图宾根大学维特根斯坦档案馆有关的文档》（下称："诺瓦克：《维特根斯坦档案馆》"），1982年4月28日（Nowak,'Wittgenstein Archive', 28th. April 1982）；罗斯韦尔：《访谈》。

④ 休特费尔特、罗斯韦尔：《挪威维特根斯坦项目》，第10页。

⑤ 赖特：《与里斯的通信》，1984—1986；赖特：《与安斯康姆的通信》，1984—1986。

⑥ 休特费尔特、罗斯韦尔：《挪威维特根斯坦项目》，第10页。

坦的著作。为了表示对这一举措的支持，国际知名学者于1986年在挪威的斯基博特恩举办了一次会议，并在1987年提出了正式的请愿书。① 挪威人一再邀请安斯康姆到挪威以赢得她的同意。② 但所有这些努力都是徒劳的；除非把图宾根的转录磁带移交给内多，否则她不会同意任何事情。休特费尔特在1988年年初去英国进行了最后一次交涉旅行，他在那里与里斯、内多和安斯康姆碰了面。③但这一全力以赴的尝试也未能改变安斯康姆的想法，挪威维特根斯坦项目不得不"冻结下来"。④

第二节 一个睿智的决定

1989年，第一位维特根斯坦文稿执行人去世了。直到里斯有意识的生命的最后一刻，他还关心着维特根斯坦文集，他吩咐他的妻子说，应该让冯·赖特把他（里斯）保存的维特根斯坦的资料送到剑桥三一学院雷恩图书馆。⑤ 早在1969年维特根斯坦文集还存放在那里时就已经商定下来，文稿执行人指定的继任者要与雷恩图书馆商议有关出版的相关事宜。⑥ 这样彼得·温奇（Peter Winch）继任里

---

① 休特费尔特、罗斯韦尔：《挪威维特根斯坦项目》，第13、240页。
② 诺登斯塔姆：《访谈》。
③ 休特费尔特、罗斯韦尔：《挪威维特根斯坦项目》，第14、257—273页。
④ 休特费尔特、罗斯韦尔：《挪威维特根斯坦项目》，第15页。
⑤ 赖特：《与里斯的通信》，1989年7月5日；参考雷恩图书馆的"里斯文集"。
⑥ 赖特：《维特根斯坦文集》，第39页。参见本书的第四章第五节。

第六章　近来的学术版

斯，成了受托人的秘书。①

在温奇的信函和他所保存的受托人会议记录中有关于最终化解了剑桥和挪威之间僵局的谈判的文件。② 冯·赖特为自己指定继任者的决定为这一问题的解决准备了条件；他选择了肯尼，而肯尼不仅与冯·赖特在如何编辑维特根斯坦著作的态度上保持一致，而且他还是安斯康姆所尊重的朋友，并且，自从肯尼开始写作哲学博士论文以来，他和安斯康姆一直是讨论伙伴。③ 作为一个合适的调解人，肯尼被派去检查内多的工作。他给出了一个颇显睿智的决定：他对内多在过去十年里所进行的编辑工作的质量表示认可，并认为应该把这些工作公之于众；但同时他又提议把内多的工作范围限定在维特根斯坦中期著作，并允许挪威人制作维特根斯坦全部著作的电子转录版。④ 这是一个所有人都同意的解决方案。这样，内多可以出版维特根斯坦 1930 年代上半叶的著作的批判版，而挪威人可以创建维特根斯坦遗作的电子转录版。

人们可能认为，受托人之间达成的这个妥协能解决内多的"维也纳版"所面临的那些问题，可惜情况并非如此。部分由于资金问题和未找到合适的出版商，"维也纳版"的第一卷直到 1994 年才出版。⑤ 直到那个时候，内多的很多批评者和冯·赖特才确信，内多制

---

① 赖特：《与安斯康姆的通信》，1989 年 7 月 9 日；赖特：《我的生活》，第 166 页。
② 一个装着由温奇和继任的受托人委员会秘书所保存的文档的盒子被保存在雷恩图书馆中。
③ 肯尼：《简史》，第 347—348 页；肯尼：《在牛津的一生》（下称："肯尼：《一生》"），第 15 页（Kenny, *A Life*, 15）；参考：《与肯尼的通信》，1974—2002。
④ 肯尼：《口述历史访谈》（下称："肯尼：《访谈》"）（Kenny, 'Interview'）。
⑤ Wi1–5.

作出了如实可靠的转录版,并为处理各种变体、修订以及与维特根斯坦遗作中其他文件间的互相关联发明了一套复杂的编辑措施。① 然而,尽管内多有着这样的工匠精神,"维也纳版"也并没有成为维特根斯坦研究的标准本。这可能不仅仅是由于这些精美绝艺的书籍过于笨重,而主要是由于它们的产生伴随着各种矛盾。② 这显示出了内多的项目和挪威项目之间的重要差异,后者现在在广大维特根斯坦学者的支持下,准备重新开始制作电子转录版。

第三节　卑尔根大学维特根斯坦档案馆

1990 年,随着卑尔根大学维特根斯坦档案馆(WAB)的成立,克劳斯·休特费尔特重启了挪威维特根斯坦项目,并给予了它一个明确的目标:为维特根斯坦的遗作创建一个完整的机器可读的转录版。③ 现在,安斯康姆和冯·赖特都支持这一努力,尽管他们对这个项目所涉及的技术要求一无所知。④ 但休特费尔特对此有所了解。

自从休特费尔特在为国服役期间受聘从事维特根斯坦著作的电

---

① 赖特:《我的生活》第 166 页;保罗:《发展》,第 8 页。

② 肯尼:《简史》,第 353—354 页;欣迪卡:《一个热切的人和他的论文》(下称:"欣迪卡:《热切的人》")(Hintikka, 'Impatient Man')。参见本书的第五章第四节和第五章第五节。

③ 卑尔根大学维特根斯坦档案:《卑尔根大学维特根斯坦档案馆:背景、项目计划和 1990 年年度报告》(下称:"维特根斯坦档案:《1990 年年度报告》"),第 29 页(Wittgenstein Archives, 'Report 1990', 29)。

④ 休特费尔特:《口述历史访谈》(下称:"休特费尔特:《访谈》")(Huitfeldt, 'Interview')。图宾根的磁带所带来的困境是这样解决的:休特费尔特把磁带捐给了卑尔根大学图书馆,但要求不能把它们拿给任何人看。从那以后,再也没有人看过那些磁带。

第六章　近来的学术版

子转录工作（以代替兵役）以来，他一直在为此进行实验。他也一直与"文本编码倡议联盟"（the Text Encoding Initiative Consortium）保持着联系，后者当时正在制定未来的"可扩展标记语言"（XML）的标准，以将文档按照一种人和机器均可读的格式进行编码。[①] 由于休特费尔特是从底层技术起步的，又熟知文本编码的前沿进展，于是他为处理维特根斯坦的著作专门地创造了一种标记语言，这门语言因此也同样地适用于任何类似的复杂文档。[②] 1990年代初，为了部署和完善代码，阿洛伊斯·皮希勒（Alois Pichler）被聘请过来。皮希勒是因斯布鲁克大学的一位青年哲学家和语言学家，他是这个工作的合适人选，并且他也准备接受这个任务，因为他在艾伦·贾尼克（Allan Janik）的指导下学习过，而贾尼克本人与支持维特根斯坦档案馆的卑尔根大学教授们有密切联系。这样，皮希勒成为卑尔根大学维特根斯坦档案馆的第一位有薪雇员。卑尔根大学维特根斯坦档案馆很快就吸引来了国外的研究者，他们前来研究遗作并讨论其数字转录版。[③] 从那时起，这两个特点——为编辑维特根斯坦的著作开发数字工具以及为活跃的研究和讨论提供舒适环境——就一直是卑尔

[①] 皮希勒、克吕格：《口述历史访谈》（下称："皮希勒、克吕格：《访谈》"）（Pichler and Krüger, 'Interview'）。一个包含着有关于WAB历史——包括其前身"挪威维特根斯坦项目"——的大量文档集的档案馆已在卑尔根大学落成。

[②] 卑尔根大学维特根斯坦档案：《卑尔根大学维特根斯坦档案馆：1990—1993项目报告和批判性评估》（下称："维特根斯坦档案：《1990—1993项目报告》"），第24—28页（Wittgenstein Archives, 'Report 1990-1993', 24-28）；休特费尔特：《为了一个机器可读版的维特根斯坦遗作：一些编辑上的困难》（下称："休特费尔特：《机器可读版》"）（Huitfeldt, 'Machine-Readable Version'）；休特费尔特：《单维中介里的多维文本》（下称："休特费尔特：《多维文本》"）（Huitfeldt, 'Multi-Dimensional Texts'）。

[③] 维特根斯坦档案：《1990—1993项目报告》，第36、60—63页；皮希勒、克吕格：《访谈》。

根大学维特根斯坦档案馆的特色。[1]

四年之后，卑尔根大学维特根斯坦档案馆的编码和转录工作接受了评估，并获得了扩充资助的结论。[2] 现在，档案馆具备了成立一个更大规模团队的条件，而这个团队的成员学者不仅要熟悉维特根斯坦的著作，也要熟悉哲学文本的编辑工作和文本语言学，这样他们就可以实现一个更宏伟的目标：出版一套电子版全集。[3] 在时任牛津大学副校长肯尼的协助下，他们与牛津大学出版社做了一个协定，牛津大学因此同意与卑尔根维特根斯坦档案馆合作探索这种新颖的数字出版模式。虽然该项目要求所有参与者都必须付出巨大努力，但到2000年，还是有六张光盘最终得以发行，它包含了一套规范的、灵活变通的（diplomatic）维特根斯坦遗作的完整转录版，同时也是一整套数字复制本。[4]更重要的是，由于被赋予了多样化的详细检索功能，这个"卑尔根电子版"（BEE, Bergen Electronic Edition）可以让我们在维特根斯坦全集里面追踪各种变化。

"卑尔根电子版"以其完备性和质朴性代表着维特根斯坦编辑工作的一个里程碑。它是早期数字人文（digital humanities）的一个成功案例。然而，软件和操作系统的快速更替促使人们不断地更新这个

---

[1] 参见 WAB 官网上关于客座研究员历史的介绍。档案馆现主任阿洛伊斯·皮希勒常常说，除了访客名录外，WAB 没有其他独创的东西。

[2] 维特根斯坦档案：《1990—1993 项目报告》，第 67—107 页。

[3] 卑尔根大学维特根斯坦档案：《卑尔根大学维特根斯坦档案馆：1995 年年度报告》（下称："维特根斯坦档案：《1995 年年度报告》"），第 17—19 页（Wittgenstein Archives, 'Report 1995', 17-19）。

[4] BEE；"规范化的"转录提供了一个简洁阅读版的文本，而"灵活变通的"转录则是为了保存一切文本现象，比如维特根斯坦所做的删除、下划线和他所使用的代码。

第六章 近来的学术版

版本,并最终把它转变为更加灵活的网络版。① 由于皮希勒在协同编辑维特根斯坦和数字化哲学这方面的持续努力,这一转变已经取得了很大进展。②

第四节 维特根斯坦逝世后的半个世纪

对于安斯康姆而言,在编辑其老师的著作的历程中,她所经历的最后一个里程碑事件,就是在卑尔根维特根斯坦档案馆开展的维特根斯坦文本的计算机化处理。她遭遇了一场车祸,在伤痛中挣扎了一段时间,并于 2001 年去世。③ 而现如今已经八十多岁的冯·赖特则亲眼见证了另一个编辑里程碑:《哲学研究》的批判—发生学版(the Critical-Genetic Edition)。④

追随着冯·赖特对维特根斯坦遗作的历史性研究之路,舒尔特精心制作了所谓的"赫尔辛基版"(Helsinki-Edition),以便为出版一部文本批判版的《哲学研究》作准备。⑤ 由此产生的批判—发生学版按照历史顺序展示了《哲学研究》的五个版本,它们分别是 1936 年

---

① www.wittgensteinsource.org.
② 皮希勒:《为了新的"卑尔根电子版"》(下称:"皮希勒:《新的"卑尔根电子版"》"),第 57—172 页(Pichler, 'New Bergen Electronic Edition', 57-172);皮希勒、布鲁维克:《电子版批判性编辑:分离开编码和呈现》(下称:"皮希勒、布鲁维克:《电子版批判性编辑》"),第 179—199 页(Pichler and Bruvik, 'Digital Critical Editing', 179-199)。
③ 吉奇:《致冯·赖特的信》,2001 年 2 月 28 日。
④ PU 2001. 参见本书的第五章第二节。2000 年 Wi11 的出版对于冯·赖特而言也很重要。
⑤ PU 2001, 44—47. 参见本书的第五章第二节。

的原始版、1937—1938年的早期版、1939—1944年的早期修订版、1944—1945年的中间版和1945—1946年的晚期版。① 在这些版本中的每一版里，维特根斯坦的修订和改编都被加以注释，以便学者们可以在某个版本内或在多个版本之间研究该作品的产生过程。

批判—发生学版在很多方面上融合了维特根斯坦文稿执行人所发展出来的三种编辑方法：安斯康姆坚信应该把重点放在维特根斯坦的主要著作（即《逻辑哲学论》和《哲学研究》）上面，里斯洞察到在遗作里面追溯著作的内在发展极为关键，冯·赖特则为重建著作的历史进程并将其如何展现在维特根斯坦写下的文档里提供了范例。批判—发生学版本也透露出了这三种进路之间的冲突：安斯康姆和里斯将打字稿纳入他们所编的《哲学研究》中作为其"第二部分"的决定已经受到了冯·赖特的质疑，因为他没有找到将其放进去的书面证据。② 舒尔特处理这一问题的方式是，他把"第二部分"这几个字加了引号，然后发表了一份被认为是安斯康姆和里斯用于印刷"第二部分"的最后现存的打字稿手稿——打字稿本身在1953年印刷后就丢失了。③ 冯·赖特在为舒尔特的版本写的序言里最后一次提到了这个问题。④

这样，批判—发生学版就成了大约五十年来维特根斯坦著作编辑工作的一个标志。这项努力始于安斯康姆和里斯于1953年对《哲

---

① 参见本书的以下章节：第一章第二节、第一章第三节、第一章第四节、第二章第一节、第三章第二节和第五章第二节，以及附录1的A.5、A.6和A.8。
② 赖特：《疑难始末》。参见本书的第一章第三节、第一章第四节和第五章第二节。
③ 参见本书的第一章第三节和附录1的A.9。
④ PU 2001, 7—11.

学研究》的经典翻译和出版，而舒尔特则在2001年完成了冯·赖特开始的文本批判性和历史性研究工作，即重构该书的起源和写作。这接着又为舒尔特和彼得·哈克（Peter Hacker）的修订译本奠定了基础。① 不管是批判—发生学版，还是《哲学研究》的新译本，它们的编辑是站在之前所有维特根斯坦文集的编辑们的肩膀上，才实现了他们的目标——他们致力于以忠实的、综览的形式呈现维特根斯坦的著作。尽管这个过程伴随着分歧、挑战甚至还有绝望，但这种追求构成了一个共同的传统。② 而当最后一位文献继承人冯·赖特于2003年去世，这一传统就成了一种遗产。③

第五节 不同的版本，不同的阐释

维特根斯坦遗作编辑的故事是一个令人满意的故事。为了完成维特根斯坦在遗嘱中留下的任务，里斯、安斯康姆和冯·赖特制作了一系列的维特根斯坦的作品，而它们已经进入了哲学经典之列。他们开启的传统——让公众理解维特根斯坦的思想——如今已经持续了六十多年。这个依然焕发着生命力的传统的最新进展之一是，维特根斯坦的遗作已被列入了联合国教科文组织的"世界记忆名录"

---

① PI 2009；舒尔特：《维特根斯坦〈哲学研究〉英文翻译的修订：经验报告》（下称："舒尔特：《修订》"），第173—194页（Schulte, 'Die Revision', 173-194）。
② 厄尔巴赫：《哲学理由》，第140—141页。
③ 瓦尔格伦、厄斯特曼：《赫尔辛基的冯·赖特和维特根斯坦档案》（下称："瓦尔格伦、厄斯特曼：《档案》"），第273—282页（Wallgren and Österman, 'Archives', 273-282）。

(Memory of the World Register)。①

我在本书中讨论了维特根斯坦著作编辑历史的前六十年——从维特根斯坦于1951年去世到最后一个原初文稿继承人于2003年去世。回顾这个过程，我们可以看到有三个范式化阶段：哲学阶段、批判阶段和后批判阶段。

在第一阶段，当里斯、安斯康姆和冯·赖特制作图书时，他们根据自己的判断来遵循维特根斯坦的遗愿。他们作为维特根斯坦作品的读者和独立的哲学家，从他们的老师那里得到了良好的训练。因此，他们靠着他们自己对维特根斯坦作品的理解来指引他们的编辑工作，以最容易被理解的方式呈现出他们所理解的维特根斯坦哲学。因此，他们的编辑工作可以被称为维特根斯坦著作编辑史中的"哲学阶段"。

在第二阶段，由于接触到了康奈尔大学的微缩胶片，学者们发现里斯、安斯康姆和冯·赖特在选取和组构书籍方面所做的干预，远比他们在简约的前言和后记里所说的要多。这导致了第二个、"批判的"阶段，这个阶段中的编辑们都不认识维特根斯坦本人，并且希望严格地按照语文学原则从遗作中制作出版物。这种文本—批判性的考察通向三种依然盛行的编辑分支：第一，印刷批判版，比如《哲学研究》的批判—发生学版；第二，"维也纳版"，它是截至1930年代中期的维特根斯坦著作的批判版；第三，"卑尔根电子版"，它以得体和标准的转录形式和影印形式呈现了维特根斯坦的全部著作。

---

① 参见：www.unesco.org.

第六章　近来的学术版

"卑尔根电子版"正逐步实现在线免费获取。[①] 如此一来，所有维特根斯坦现存的写作原则上都可被有兴趣的读者获取。

　　第三阶段，批判阶段所带来的对新材料的可获取性，对读者的阐释能力提出了更高的要求。逐步提升的维特根斯坦文集的（数字化）可获取性的一个结果就是，读者们被赋予了按照他们自己的个人需求来探索、重构和呈现维特根斯坦作品的权力。但这种赋权使得读者们面临着组构和内部关联的难题。在数字化之前，这些问题一直是由被挑选出来的、经过训练的编辑们来处理，但当新的读者面临这些相同的问题时，他们可以通过了解导致先前不同模式的编辑工作的原因和动机来获得帮助和指导。通过这种方式，我们就可以不再仅仅把各个版本视为标准本的候选者，而是可以把它们当作原始文献的杰出读者所取得的成就来看。这种理解维特根斯坦遗作编辑工作的新视角，是维特根斯坦著作编辑史第三阶段的特点；这是一种"后批判"阶段，它为批判性编辑语文学增添了另外的阐释学风险，从而使今天的读者能够基于第一批编辑的理解来理解维特根斯坦的著作，从而理解哲学传承背景下的编辑工作的意味。本书正是为了激发将来的这种类型的冒险。

[①] www.wittgensteinsource.org.

附录1 维特根斯坦遗作概览

这本书讲述了维特根斯坦去世后人们编辑其作品的故事，但没有深入研究语文学方面的技术性细节。任何想要阅览维特根斯坦留给后人的真实手稿和打字稿的人——着迷于追溯它们得以形成的方式，并更加详细地研究它们与由维特根斯坦的继承人和编辑们创制的已出版作品的关系——可以查阅电子文件。通过"卑尔根电子版"可以获得电子版[①]全集，并且其中很大一部分可以在 www.wittgenstein-source.org 在线获得。为了阐明维特根斯坦的继承人和编辑们不得不应对的一些难题，以下段落将简要地介绍一些重要的手稿和打字稿。这些简要的讨论也可能会对首次使用可获取电子资源的用户以及对那些想要进一步展开哲学—语文学研究的用户有所帮助。这些文件会按照它们在冯·赖特所纂的目录[②]中被分配的编号和它们在 www.wittgensteinsource.org 上的永久网址进行引用。此处按创作时间

[①] BEE 2000.
[②] 赖特：《维特根斯坦文集》；目录的更新已发布于：赖特：《维特根斯坦》；PO 1993；BEE；PPO 2003 和 www.wittgensteinonline.no。

顺序对它们进行讨论。

A.1 Ms 101，www.wittgensteinsource.org/BFE/Ms-101_ f[①]

第 101 号手稿是维特根斯坦在"一战"期间所写的笔记本之一。当战争在 1914 年爆发时，维特根斯坦 25 岁，他自愿加入了奥地利军队。在服役期间，他一直在研究后来成为《逻辑哲学论》的内容的那些问题。他在这一时期所写的笔记本中有三本留存至今：第 101 号手稿、第 102 号手稿和第 103 号手稿。维特根斯坦在进行写作时，会在每一页的右侧作哲学方面的笔记，而在左侧用一种颠倒字母顺序产生的特殊密码来写类似于日记的条目。当安斯康姆和冯·赖特编辑战时笔记本并将它们以《战时笔记：1914—1916》（*Notebooks 1914-1916*）的名字进行出版时，[②] 他们只印刷了右侧的笔记。这是因为他们认为加密的条目与理解维特根斯坦的哲学无关。相比之下，今天的许多学者认为这些加密的评论不仅是《逻辑哲学论》中的部分内容之所以会被写就的相关背景性信息，而且它们也属于维特根斯坦的哲学全集。[③] 1991 年，威廉·鲍姆（Wilhelm Baum）在未经文稿执行人许可的情况下出版了所有三本战时笔记本中左手边的笔记，

[①] 参见本书的以下章节：第二章第一节、第二章第五节、第四章第二节、第四章第三节、第四章第五节、第五章第四节和第五章第六节。
[②] TB 1961.
[③] 索马维拉：《加密评论》，第 30—50 页。

并称它们为维特根斯坦的"秘密日记"。① 在此出版物中,加密条目被从它们的哲学语境中拿出来,就像在安斯康姆和冯·赖特的版本中那些未加密的条目被从它们的生活世界语境中拿出来一样。将战时笔记的两面并列呈现的新版本即将面世。

A.2 Ts 209,www.wittgensteinsource.org/BFE/Ts-209_ f②

第 209 号打字稿是维特根斯坦在 1929 年重新开始哲学写作后所创作的第一部大型评论集。为了创作这部评论集,维特根斯坦首先从他的笔记本中选出一些评论并进行打印,然后从产生的打字稿里剪下单个段落。在这之后,他再把它们重新安排并粘贴到分类账簿中。里斯认为维特根斯坦在申请延长剑桥大学研究员资格时将这个账簿交给了伯特兰·罗素。③ 最新的研究则认为,维特根斯坦并没有把这个评论集交给罗素,他交出的只是它的原始资料——第 208 号打字稿。④ 无论如何,摩尔在维特根斯坦去世时拥有这个账簿(第 209 号打字稿),并根据维特根斯坦的遗愿将它交给了文稿执行者。从那时

---

① GT 1991.
② 参见本书的以下章节:第二章第一节、第二章第三节、第三章第三节、第三章第四节、第三章第五节、第四章第二节和第四章第五节。
③ PB 1964;PB 1975.
④ 皮希勒:《维特根斯坦遗作研究》(下称:"皮希勒:《研究》"),第 53—59 页 (Pichler, *Untersuchungen*, 53-59);MWL 2016 (斯特恩、罗杰斯、希特隆编:《维特根斯坦 1930—1933 剑桥讲演集——出自 G. E. 摩尔的笔记》),xxxi—xxxv。

附录 1　维特根斯坦遗作概览

起,这个评论集就被称为"摩尔卷"。如今,原来的"摩尔卷"就只有一份影印本留存,因为 1962 年里斯不小心将原件遗忘在帕丁顿车站的一个电话亭里。[①] 幸运的是,当时他已经制作了一份微缩胶卷复制品,后来用它编辑了《哲学评论》。[②] 这本书包含了编辑后的第 209 号打字稿中的文本,但除此之外还包含 1930 年的一份序言,以及在弗里德里希·魏斯曼的遗产中发现的维特根斯坦写的材料。里斯还将文本分了章节,并添加了一个分析性的索引。这条漫长的道路——从维特根斯坦的创作开始历经后来的编辑历史——使得第 209 号打字稿成为维特根斯坦工作方式和他的文稿执行者处理遗产的一个典型例子。

A.3

Ts 213, www.wittgensteinsource.org/BFE/Ts-213_ f;

Ms 114, www.wittgensteinsource.org/BFE/Ms-114_ f;

Ms 115, www.wittgensteinsource.org/BFE/Ms-115_ f;

Ms 140, www.wittgensteinsource.org/BFE/Ms-114_ f[③]

这是里斯在制作《哲学语法》时编辑的一组 1933 年至 1934 年间

[①] 里斯:《致冯·赖特的信》,1962 年 7 月 26 日,收于厄尔巴赫、荣格和赛贝尔《日志》,第 111—113 页。
[②] PB 1964,第一个英文版是:PB 1975。
[③] 参见本书的第二章第四节和第五章第一节。

的文件。① 里斯最开始是想编辑所谓的"大打字稿"（第 213 号打字稿）。在进行这项工作时，他发现存在着另外两份手稿（第 114 号手稿的第二部分和第 115 号手稿的第一部分），它们所包含的内容与他通过对"大打字稿"中维特根斯坦手写更正而整理出来的文本完全相同。然而，在编辑这个新发现的大打字稿"修订版"时，他又发现了一个"第二次修订版"（第 140 号手稿），于是他也把这份手稿纳入进来。结果就是，维特根斯坦的遗作里没有任何一份文件与《哲学语法》的内容相一致。安东尼·肯尼对此书与"大打字稿"间差异的说明提高了学者们对维特根斯坦文集与由之编辑出来的书之间可能存在的不一致的意识。② 同时，这一争议也显示出，要想判定一本书是否可以合理地被称作维特根斯坦的作品会有多困难。③

A.4　Ms 115，www.wittgensteinsource.org/BFE/Ms-115_ f④

第 115 号手稿的第二部分——从手稿的第 118 页开始——包含了维特根斯坦对所谓的《褐皮书》的翻译。它是维特根斯坦在 1934 年至 1935 年间口述给他的两个学生和朋友的一本准备出版的书。在随

---

① PG 1969，参考 Will, iix.
② 肯尼：《到〈哲学语法〉》。
③ 舒尔特：《什么是维特根斯坦的作品?》（下称："舒尔特：《作品?》"），第 397—404 页（Schulte,'Work?', 397-404）。
④ 参考本书的第三章第二节和第三章第五节。

后一年的年末,他将自己隔离在挪威的小屋里,开始将这段文本翻译成德语。他先是努力地翻译了许多页,但当翻译到第 292 页时他停了下来,称整个努力都毫无价值。这就造成了一个奇特的情况:《褐皮书》的英文版出于维特根斯坦之手,而德文版的一部分则是由一位学者翻译的。① 被里斯连同《褐皮书》一起出版的另一个口述本也是相同的情况:《蓝皮书》是维特根斯坦在 1933 年至 1934 年为了给他的课程作补充而向学生们口述的。然后很快就兴起了一股私下传播《蓝皮书》的风潮,而里斯希望制止这种情况。因此,他编辑并出版了一份授权版,旨在澄清这两本口述只是"《哲学研究》的初探",这也是里斯给这个出版物加的副标题。

A.5 Ms 142,www. wittgensteinsource. org/BFE/Ms-142_ f②

在 1936 年冬天放弃翻译《褐皮书》之后,维特根斯坦写了第 142 号手稿,它现在被认为是《哲学研究》的第一个版本。维特根斯坦把它题献给他的姐姐玛格丽特·斯通巴罗,称它是"一份圣诞节薄礼"。这份精美手写的清稿包含了已出版的《哲学研究》的前 188 条评论。③ 这就是为什么批判—发生学版将第 142 号手稿视为《哲学

---

① BBB 1958。目前还没有德语修订版的《褐皮书》英文译本出版。
② 参考本书的以下章节:第一章第二节、第一章第三节、第一章第四节、第二章第一节、第三章第二节、第五章第二节和第六章第四节。
③ PI 1953。

研究》的原始版本，并提供了它的一个完整转录版的原因。① 这份手稿的原本由维特根斯坦的姐姐保存，她曾在 1952 年夏天向冯·赖特展示过它。② 在维特根斯坦的姐姐把它作为纪念品送给维特根斯坦的朋友鲁道夫·科德（Rudolf Koder）后，它失踪了很多年。1992 年，它又在科德的遗产中重新被发现。③

A.6　Ts 226，www.wittgensteinsource.org/BFE/Ts-226_ f④

第 226 号打字稿是里斯对 1937—1938 年的一份《哲学研究》早期版本的翻译。维特根斯坦的哲学之所以能在英语学术界产生巨大的影响，无疑是因为他曾在剑桥大学担任教师，但除此之外还有安斯康姆恰当地翻译《哲学研究》的功劳。维特根斯坦对其作品的翻译情况非常关注，在安斯康姆参与之前，他已经花了很长一段时间来寻找译者了。1938 年，他想出版一本双语版的《哲学评论》（*Philosophische Bemerkungen*，*Philosophical Remarks*）。他为此考察了几位候选译者，⑤ 通过这次筛选，他最终选择了里斯。然而，他对里斯的翻译

---

① PU 2003.
② 赖特：《我的生活》，第 177 页。
③ PU 2003, 31.
④ 参见本书的第一章第四节和第三章第一节。
⑤ 雷德帕斯：《路德维希·维特根斯坦：一个学生的回忆》（下称："雷德帕斯：《回忆》"），第 73 页（Redpath, *Memoir*, 73）。

附录 1　维特根斯坦遗作概览

并不满意，因为他发现要对里斯的打字稿进行许多纠正和修改。这些纠正至今仍被保存在第 226 号打字稿中，这就使得当我们思考如何将维特根斯坦的评论译成英文的时候，或当我们考察安斯康姆 1951 年的那个极有影响力的译作的细节的时候，该文档就显现出其巨大的价值。① 如今，我们也有了一个根据批判—发生学版译成的《哲学研究》修订版。②

A.7　Ms 125，www.wittgensteinsource.org/BFE/Ms-125_ f③

第 125 号手稿是维特根斯坦在 1941—1942 年创作的手稿。这是里斯、安斯康姆和冯·赖特为他们的第二本出版物《关于数学基础的评论》收集评论的手稿之一。④ 这本书囊括了不少于十一个维特根斯坦遗作中的材料，覆盖了从 1937 年至 1944 年的时间段。编辑们认识到，在很长一段时间里，维特根斯坦关于数学基础的研究都在他的哲学思考中占据着重要的地位，因此他们选择将它作为继《哲学研究》之后的下一本出版物。然而，尽管文稿执行人多次决定从不同的手稿中选取片段，但结果表明这种编辑方法是有问题的，而且对维特根斯坦的数学符号和草图的印刷也有实际困难。因此，对《关于

---

① 舒尔特：《修订》，第 173—194 页。
② PI 2009.
③ 参见本书的第二章第一节、第二章第三节和第二章第四节。
④ RFM 1956.

数学基础的评论》的编辑可能是里斯、安斯康姆和冯·赖特编辑工作中最棘手的一次。这是唯一一本由三位文稿执行人共同编辑的书，并且在对维特根斯坦的著作有了更好的整体性了解之后，他们于1974年对这本书进行了重大修订。

A.8　Ts 227a，www.wittgensteinsource.org/BFE/Ts-227a_ f[①]

由维特根斯坦创作的第227a号打字稿是《哲学研究》的最后一个版本。这个打字稿可以追溯至1945年年底、1946年年初。维特根斯坦去世后不久，为了给《哲学研究》的出版（即1953年版）做准备，安斯康姆和里斯就制作了这个打字稿的另一份副本。但是，在进行了排版后这份副本就丢失了，所以维特根斯坦的遗作里并没有任何一份手稿与安斯康姆和里斯出版的书对等。两份现存的该打字稿的副本中包含有部分不同的出于维特根斯坦之手（也有一部分是出于他人之手）的修订。这表明，即使在现存的最后一个版本里，维特根斯坦仍在修订着他的评论。在1951年的时候，安斯康姆问维特根斯坦应该如何在这些不同版本中进行选择，据说维特根斯坦回答她说可以通过抛硬币决定。[②] 即便如此，在维特根斯坦去世前十天，

[①] 参见本书的以下章节：第一章第二节、第一章第三节、第一章第四节、第二章第一节、第三章第二节、第五章第二节和第六章第四节。

[②] 内多：《"维也纳版"导论》（下称："内多：《导论》"），第75页（Nedo, *Einführung*, 75）。

附录 1 维特根斯坦遗作概览

他仍急切地告诉里斯,"要小心在意出版什么和如何呈现的问题"。①批判—发生学版校订了第 227 号打字稿现存的两份副本中维特根斯坦的修订内容,同时还全文呈现了早期的各个版本,包括 1936 年的原版(第 142 号手稿)、1937—1938 年的早期版本(第 225 号、220 号、221 号打字稿)、1939—1944 年的早期修订版(第 239 号打字稿)和 1944—1945 年的中间版(第 242 号打字稿)。②

A.9 Ms 144,www.wittgensteinsource.org/BFE/Ms-144_ f③

这个手稿是安斯康姆和里斯用于出版《哲学研究》(1953 年)"第二部分"的手稿,并且是该手稿最后一份现存的早期版本。④ 和《哲学研究》"第一部分"的打字稿一样,"第二部分"的打字稿也在排版后丢失了。该打字稿的第二份抄本也遭遇了相同的命运。⑤ 因此,在维特根斯坦的遗作里没有能与安斯康姆和里斯版的《哲学研究》"第二部分"相对等的文本。与已出版的"第二部分"相比,第 144 号手稿中的评论的顺序与之不同,后者并没有被编号。但是,从

---

① 厄尔巴赫:《文献执行人》,第 30 页。
② PU 2003。
③ 参见本书的以下章节:第一章第三节、第三章第一节、第四章第一节、第五章第二节和第六章第四节。
④ PI 1953;参考 PU 2003,27-30。
⑤ PU 2003,29。

1953 年以来，关于《哲学研究》"第二部分"最大的编辑上的问题，不是它被编辑的方式，而是它是否真的属于那里。安斯康姆和里斯之所以将其包括在内，是因为他们记得维特根斯坦在 1947 年 12 月对他们谈及了关于该书的计划。① 在他们看来，他们用于组构成"第二部分"的这份创作于 1949 年的打字稿，已经被维特根斯坦打造成最完善的形式，维特根斯坦应该本来就希望把它包含进去。但他们把这个"第二部分"包含进去的决定遭到了冯·赖特和其他人的批评。②

A.10 Ms 177，www.wittgensteinsource.org/BFE/Ms-177_ f③

第 177 号手稿包含了维特根斯坦所写的最后一些评论。直到维特根斯坦去世前的两天，他还在这本小笔记本中写哲学评论。安斯康姆和冯·赖特把它和其他手稿中的一些评论编辑在一起，形成了他们命名为《论确定性》的书。④ 就像另外两本呈现维特根斯坦生命的最后几个月所写的东西的著作——《关于颜色的评论》⑤ 和《关于心理学哲学的最后著作》⑥ ——一样，这本书的标题并不是维特根斯坦本人的选择。编辑们根据他们所编辑的书里的那些评论的主题，选择了

---

① 厄尔巴赫：《思路》，第 171 页。
② 比如：赖特：《疑难始末》；斯特恩：《可得性》。
③ 参见本书的第四章第一节和第五章第五节。
④ OC 1969.
⑤ ROC 1977.
⑥ LW 1992.

附录 1　维特根斯坦遗作概览

他们认为可以覆盖这些主题的标题。而且，安斯康姆和冯·赖特不仅创作了出版物的标题，他们实际上还是从同一批手稿里为这些书挑选的评论，然后按照他们自己选择的标题对其进行分组，随着这些变得愈发明显，这种编辑介入也逐渐备受质疑。尽管按照主题对评论进行分类的方式也被维特根斯坦自己在手稿里留下的标记部分地显示出来，但安斯康姆和冯·赖特的编辑实践有与里斯非常相似的一个地方：在编辑维特根斯坦遗作的时候，他们高度地介入了文本，并且他们把自己对所编辑著作的哲学理解当作编辑介入的依据。然而，他们的工作也为通过构建文本资源来批判性地审查他们的成果奠定了基础。

参考文献

基于维特根斯坦的遗作、通信和演讲笔记的出版物

本书中所采用的缩写依据的是皮希勒、比格斯、塞尔特纳合编的《德英维特根斯坦著作目录》(Pichler, Biggs and Szeltner, *Bibliographie*.)。

AM 1961	'Notes dictated to G. E. Moore in Norway' in G. H. von Wright and G. E. M. Anscombe (eds.), translated by G. E. M. Anscombe, *Notebooks 1914 – 1916* (Oxford: Basil Blackwell, 1961), pp. 107–118.
AWL 1979	*Wittgenstein's Lectures*: Cambridge, 1932–1935, edited by A. Ambrose (Oxford: Basil Blackwell, 1979).
AWL 1984	'Cambridge 1932–1935', A. Ambrose (ed.), translated by J. Schulte, *Ludwig Wittgenstein. Vorlesungen 1930–1935* (Frankfurt am Main: Suhrkamp, 1984), pp. 141–442.
BBB 1958	*Preliminary Studies for the 'Philosophical Investigations', Generally Known as The Blue and Brown Books* (Oxford: Basil Blackwell, 1958).

参考文献

BEE	*Wittgenstein's Nachlass. The Bergen Electronic Edition*, The Wittgenstein Archives at the University of Bergen (ed.) (Oxford: Oxford University Press, 2000).
BT 2005	*The Big Typescript*: *TS* 213, edited and translated by C. Grant Luckhardt and M. A. E. Aue (Oxford: Blackwell, 2005).
BTE	Wittgenstein Source Bergen Text Edition (www.wittgensteinsource.org/).
CB 1980	*Briefe*, edited by B. F. McGuinness and G. H. von Wright, translated by J. Schulte (Frankfurt am Main: Suhrkamp, 1980).
CCO 1973	*Letters to C. K. Ogden*, edited and with an introduction by G. H. von Wright and an appendix of letters by F. P. Ramsey (Oxford: Basil Blackwell and London: Routledge & Kegan Paul, 1973).
CEM 1933	'Letter to the Editor', *Mind*, 42 (1933), 415–416; edited in PO 1993, 156–158.
CPE 1967	Engelmann, P., 'Briefe von Wittgenstein/Letters from Wittgenstein' in B. F. McGuinness (ed.), translated by L. Furtmüller, *Letters from Ludwig Wittgenstein. With a Memoir* (Oxford: Basil Blackwell, 1967), pp. 2–59.
CRK 1974	*Letters to Russell, Keynes and Moore*, edited and with an Introduction by G. H. von Wright, assisted by B. F. McGuinness (Oxford: Basil Blackwell, 1974).
DB 1997a	*Denkbewegungen. Tagebücher 1930–1932, 1936–1937*, edited by I. Somavilla, Teil 1: Normalisierte Fassung (Innsbruck: Haymon, 1997).

DB 1997b	*Denkbewegungen. Tagebücher 1930-1932, 1936-1937*, edited by I. Somavilla, Teil 2: Diplomatische Fassung (Innsbruck: Haymon, 1997).
DB 2003	'Movements of Thought: Diaries, 1930-1932, 1936-1937', in J. C. Klagge and A. Nordmann (eds.), *Ludwig Wittgenstein. Public and Private Occasions* (Lanham, Boulder, New York, Oxford: Rowman & Littlefield, 2003), pp. 3-255.
GB 1971	'Remarks on Frazer's Golden Bough', *The Human World*, 3 (1971), pp. 18-41; edited in PO 1993, pp. 115-155.
GESAMTBRIEF-WECHSEL 2011	*Gesamtbriefwechsel-Innsbrucker elektronische Ausgabe*, 2nd edition, edited by A. Coda, G. Citron, B. Halder, A. Janik, U. Lobis, K. Mayr, B. F. McGuinness, M. Schorner, M. Seekircher and J. Wang for the Forschungsinstitut Brenner-Archiv (Charlottesville, VA: InteLex, 2011).
GT 1985a	'Diarios Secretos/Geheime Tagebücher', *Saber*, 5 (1985), pp. 24-49.
GT 1985b	'Diarios Secretos (yII)/Geheime Tagebücher', *Saber*, 6 (1985), pp. 30-59.
GT 1991	*Geheime Tagebücher*, edited by W. Baum (Vienna: Turia und Kant, 1991).
LA 1966	*Lectures and Conversations*, edited by C. Barrett (Oxford: Basil Blackwell, 1966).
LE 1965	'A Lecture on Ethics', in 'Wittgenstein's Lecture on Ethics', *The Philosophical Review*, 74 (1965), pp. 3-12; edited in PO 1993, pp. 36-44.

LFM 1976	*Wittgenstein's Lectures on the Foundations of Mathematics*: *Cambridge*, 1939, edited by C. Diamond (Ithaca: Cornell University Press, 1976).
LPE 1993	'Notes for Lectures on "Private Experience" and "Sense Data"', edited and introduced by D. G. Stern, in J. C. Klagge und A. Nordmann (eds.), *Ludwig Wittgenstein. Philosophical Occasions 1912–1951* (Indianapolis and Cambridge, MA: Hackett, 1993), pp. 200–288.
LW 1992	*Last Writings on the Philosophy of Psychology / Letzte Schriften über die Philosophie der Psychologie*, vol. 2, edited by G. H. von Wright and H. Nyman, translated by C. G. Luckhardt and M. A. E. Aue (Oxford: Basil Blackwell, 1992).
LWL 1980	*Wittgenstein's Lectures: Cambridge, 1930–1932*, edited by D. Lee (Oxford: Basil Blackwell, 1980).
MAM 1958	Malcolm, N., *Ludwig Wittgenstein: A Memoir* (London: Oxford University Press, 1958).
MDC 1981	Drury, M. O'C., 'Conversations with Wittgenstein' in R. Rhees (ed.), *Recollections of Wittgenstein* (Oxford: Basil Blackwell, 1981), pp. 112–89.
MWL 1993	Moore, G. E., 'Wittgenstein's Lectures in 1930–33' in J. C. Klagge and A. Nordmann (eds.), *Ludwig Wittgenstein. Philosophical Occasions 1912–1951* (Indianapolis and Cambridge, MA: Hackett, 1993), pp. 45–114.
MWL 2016	Stern, D., *Wittgenstein: Lectures, Cambridge 1930–1933. From the Notes of G. E. Moore*, edited by D. Stern, B. Rogers and G. Citron (Cambridge: Cambridge University Press, 2016).

维特根斯坦的继承人与编者

OC 1969	*On Certainty/Über Gewißheit*, edited by G. E. M. Anscombe and G. H. von Wright, translated by D. Paul and G. E. M. Anscombe (Oxford: Basil Blackwell, 1969).
PB 1964	*Philosophische Bemerkungen*, edited by Rush Rhees (Oxford: Basil Blackwell, 1964).
PB 1975	*Philosophical Remarks*, edited by Rush Rhees, translated by R. Hargreaves and R. White (Oxford: Basil Blackwell, 1975).
PG 1969	*Philosophische Grammatik*, edited by R. Rhees (Oxford: Basil Blackwell, 1969).
PG 1974	*Philosophical Grammar*, edited by R. Rhees, translated A. Kenny (Oxford: Basil Blackwell, 1974).
PGL 1988	*Wittgenstein's Lectures on Philosophical Psychology 1946 – 1947*, edited by P. T. Geach (New York: Harvester, 1988).
PI 1953	*Philosophical Investigations/PhilosophischeUntersuchungen*, edited by G. E. M. Anscombe and R. Rhees, translated by G. E. M. Anscombe (Oxford: Basil Blackwell, 1953).
PI 2009	*Philosophical Investigations/PhilosophischeUntersuchungen*, edited by P. M. S. Hacker and J. Schulte, translated by G. E. M. Anscombe, P. M. S. Hacker and Joachim Schulte (New York: Wiley, 2009).
PO 1993	*Philosophical Occasions 1912 – 1951*, edited and introduced by J. C. Klagge and A. Nordmann (Indianapolis and Cambridge, MA: Hackett, 1993).
PPO 2003	*Public and Private Occasions*, edited by J. C. Klagge and A. Nordmann (Lanham, Boulder, New York, Oxford: Rowman & Littlefield, 2003).

参考文献

PT 1971	*Prototractatus. An Early Version of Tractatus Logico-Philosophicus*, edited by B. F. McGuinness, T. Nyberg and G. H. von Wright, with a translation by D. F. Pears and B. F. McGuinness, an historical introduction by G. H. von Wright and a facsimile of the author's manuscript (London: Routledge & Kegan Paul, 1971).
PU 2001	*Philosophische Untersuchungen. Kritisch-genetische Edition*, edited by J. Schulte in collaboration with H. Nyman, Edited by Savigny and G. H. von Wright (Frankfurt am Main: Suhrkamp, 2001).
RFM 1956	*Remarks on the Foundations of Mathematics/Bemerkungen über die Grundlagen der Mathematik*, edited by G. H. von Wright, R. Rhees and G. E. M. Anscombe, translated by G. E. M. Anscombe (Oxford: Basil Blackwell, 1956).
RFM 1974	*Bemerkungen über die Grundlagen der Mathematik*, edited by G. H. von Wright, R. Rhees and G. E. M. Anscombe, erweiterte und revidierte Neuausgabe (Frankfurt am Main: Suhrkamp, 1974).
RFM 1978	*Remarks on the Foundations of Mathematics/Bemerkungen über die Grundlagen der Mathematik*, edited by G. H. von Wright, R. Rhees and G. E. M. Anscombe, translated by G. E. M. Anscombe, 3rd. edition, revised and reset (Oxford: Basil Blackwell, 1978).
ROC 1977	*Remarks on Colour/Bemerkungen über die Farben*, edited by G. E. M. Anscombe, translated by L. L. McAlister and M. Schättle (Oxford: Basil Blackwell, 1977).
TB 1961	'Notebooks 1914–1916' in G. H. von Wright and G. E. M. Anscombe (eds.), translated by G. E. M. Anscombe, *Notebooks 1914–1916* (Oxford: Basil Blackwell, 1961), pp. 2–91.
TLP 1961	*Tractatus Logico-Philosophicus*, translated by D. F. Pears and B. F. McGuinness, International Library of Philosophy and Scientific Method (London: Routledge & Kegan Paul, 1961).

TLP 1989	*Logisch-philosophische Abhandlung. Tractatus Logico-Philosophicus*, edited by B. F. McGuinness and J. Schulte, Critical Edition (Frankfurt am Main: Suhrkamp, 1989).
VB 1977	*Vermischte Bemerkungen*, edited by G. H. von Wright in cooperation with H. Nyman (Frankfurt am Main: Suhrkamp, 1977).
VB 1980	*Culture and Value/Vermischte Bemerkungen*, edited by G. H. von Wright in cooperation with Heikki Nyman, translated by P. Winch, amended second edition (Oxford: Basil Blackwell, 1980).
VB 1994	*Vermischte Bemerkungen*, edited by G. H. von Wright in cooperation with H. Nyman, revised by A. Pichler (Frankfurt am Main: Suhrkamp, 1994).
VB 1998	*Vermischte Bemerkungen. Eine Auswahl aus dem Nachlaß/Culture and Value. A Selection from the Posthumous Remains*, edited by G. H. von Wright in cooperation with H. Nyman, revised by A. Pichler, translated by Peter Winch. Revised second edition (Oxford: Blackwell 1998).
VW 2003	*The Voices of Wittgenstein. The Vienna Circle*, edited by G. Baker, translated by G. Baker, M. Mackert, J. Connolly and V. Politis (London, New York: Routledge, 2003).
WC 2008	*Wittgenstein in Cambridge. Letters and Documents, 1911 – 1951*, edited by B. F. McGuinness (Malden, MA: Blackwell, 2008).
WC 2012	*Wittgenstein in Cambridge. Letters and Documents, 1911 – 1951*, edited by B. F. McGuinness (Malden, MA: Blackwell, 2012).
WERKAUSGABE 1	*Werkausgabe Band 1. Tractatus Logico-Philosophicus/Tagebücher 1914 – 1916/Philosophische Untersuchungen* (Frankfurt am Main: Suhrkamp, 1984).

参考文献

WERKAUSGABE 2	*Werkausgabe Band 2. Philosophische Bemerkungen*（Frankfurt am Main：Suhrkamp, 1984）．
WERKAUSGABE 3	*Werkausgabe Band 3. Ludwig Wittgenstein und der Wiener Kreis*（Frankfurt am Main：Suhrkamp, 1984）．
WERKAUSGABE 4	*Werkausgabe Band 4. Philosophische Grammatik*（Frankfurt am Main：Suhrkamp, 1984）．
WERKAUSGABE 5	*Werkausgabe Band 5. Das Blaue Buch/Eine Philosophische Betrachtung*（*Das Braune Buch*）（Frankfurt am Main：Suhrkamp, 1984）．
WERKAUSGABE 6	*Werkausgabe Band 6. Bemerkungen über die Grundlagen der Mathematik*（Frankfurt am Main：Suhrkamp, 1984）．
WERKAUSGABE 7	*Werkausgabe Band 7. Bemerkungen über die Philosophie der Psychologie/Letzte Schriften über die Philosophie der Psychologie*（*Band 1*）（Frankfurt am Main：Suhrkamp, 1984）．
WERKAUSGABE 8	*Werkausgabe Band 8. Bemerkungen über die Farben/Über Gewißheit/Zettel/Vermischte Bemerkungen*（Frankfurt am Main：Suhrkamp, 1984）．
Wi1	*Wiener Ausgabe Band 1*：Philosophische Bemerkungen（Vienna：Springer, 1994）．
Wi2	*Wiener Ausgabe Band 2*：Philosophische Betrachtungen, Philosophische Bemerkungen（Vienna：Springer, 1994）．
Wi3	*Wiener Ausgabe Band 3*：Bemerkungen, Philosophische Bemerkungen（Vienna：Springer, 1995）．
Wi4	*Wiener Ausgabe Band 4*：Bemerkungen zur Philosophie, Bemerkungen zur philosophischen Grammatik（Vienna：Springer, 1995）．

Wi5	*Wiener Ausgabe Band 5*: Philosophische Grammatik （Vienna: Springer, 1996）.
Wi11	*Wiener Ausgabe Band 11*: The Big Typescript （Vienna: Springer, 2000）［TS 213］.
WLP 1965	*Friedrich Waismann*: *The Principles of Linguistic Philosophy*, edited by R. Harré （London, New York: Macmillan/St. Martin's Press, 1965）.
WLP 1976	*Friedrich Waismann*: *Logik*, *Sprache*, *Philosophie*, with a preface by M. Schlick, edited by G. P. Baker and B. McGuinness in collaboration with J. Schulte （Stuttgart: Philipp Reclam Jun. 1976）.
WWK 1967	*Ludwig Wittgenstein und der Wiener Kreis*, edited by Brian McGuinness （Oxford: Basil Blackwell, 1967）.
WWK 1979	*Ludwig Wittgenstein and the Vienna Circle*, conversations recorded by F. Waismann, edited by B. F. McGuinness, translated by J. Schulte and B. F. McGuinness （Oxford: Basil Blackwell, 1979）.
YB 1979	'The Yellow Book （Selected Parts）' in A. Ambrose （ed.）, *Wittgenstein's Lectures*: *Cambridge*, *1932 – 1935* （Oxford: Basil Blackwell, 1979）, pp. 41–73.
Z 1967	*Zettel / Zettel*, edited by G. E. M. Anscombe and G. H. von Wright （Oxford: Basil Blackwell, 1967）.

下面在引用维特根斯坦遗作中的单个页面或材料时，采用了赖特在《维特根斯坦文集》（*The Wittgenstein Papers*）中引入的缩写方式。分配的 URL 是每个材料或页面的永久网络链接，可通过 wittgensteinsource. org 访问。

参考文献

Ms 101 www.wittgensteinsource.org/BFE/Ms-101_ f

Ms 102 www.wittgensteinsource.org/BFE/Ms-102_ f

Ms 103 www.wittgensteinsource.org/BFE/Ms-103_ f

Ms 109 www.wittgensteinsource.org/BFE/Ms-109_ f

Ms 114 www.wittgensteinsource.org/BFE/Ms-114_ f

Ms 115 www.wittgensteinsource.org/BFE/Ms-115_ f

Ms 117 www.wittgensteinsource.org/BFE/Ms-117_ f

Ms 121 www.wittgensteinsource.org/BFE/Ms-121_ f

Ms 122 www.wittgensteinsource.org/BFE/Ms-122_ f

Ms 124 www.wittgensteinsource.org/BFE/Ms-124_ f

Ms 125 www.wittgensteinsource.org/BFE/Ms-125_ f

Ms 126 www.wittgensteinsource.org/BFE/Ms-126_ f

Ms 127 www.wittgensteinsource.org/BFE/Ms-127_ f

Ms 140 www.wittgensteinsource.org/BFE/Ms-140_ f

Ms 142 www.wittgensteinsource.org/BFE/Ms-142_ f

Ms 164 www.wittgensteinsource.org/BFE/Ms-164_ f

Ms 169 www.wittgensteinsource.org/BFE/Ms-169_ f

Ms 170 www.wittgensteinsource.org/BFE/Ms-170_ f

Ms 171 www.wittgensteinsource.org/BFE/Ms-171_ f

Ms 172 www.wittgensteinsource.org/BFE/Ms-172_ f

Ms 173 www.wittgensteinsource.org/BFE/Ms-173_ f

Ms 174 www.wittgensteinsource.org/BFE/Ms-174_ f

Ms 175 www.wittgensteinsource.org/BFE/Ms-175_ f

Ms 176　www. wittgensteinsource. org/BFE/Ms-176_ f

Ms 177　www. wittgensteinsource. org/BFE/Ms-177_ f

Ts 209　www. wittgensteinsource. org/BFE/Ts-209_ f

Ts 213　www. wittgensteinsource. org/BFE/Ts-213_ f

Ts 220　www. wittgensteinsource. org/BFE/Ts-220_ f

Ts 221　www. wittgensteinsource. org/BFE/Ts-221_ f

Ts 222　www. wittgensteinsource. org/BFE/Ts-222_ f

Ts 223　www. wittgensteinsource. org/BFE/Ts-223_ f

Ts 224　www. wittgensteinsource. org/BFE/Ts-224_ f

Ts 225　www. wittgensteinsource. org/BFE/Ts-225_ f

Ts 226　www. wittgensteinsource. org/BFE/Ts-226_ f

Ts 309　www. wittgensteinsource. org/BFE/Ts-309-Stonborough_ f

Ts 310　www. wittgensteinsource. org/BFE/Ts-310_ f

二手文献

Anscombe, G. E. M. , 'Aristotle' in G. E. M. Anscombe and P. Geach, *Three Philosophers* (Oxford: Basil Blackwell, 1961), pp. 1-63.

Anscombe, G. E. M. , *The Collected Philosophical Papers of G. E. M. Anscombe. Vol. II. Metaphysics and the Philosophy of Mind* (Oxford: Basil Blackwell, 1981).

Anscombe, G. E. M. , *An Introduction to Wittgenstein's Tractatus* (London: Hutchinson, 1959).

Anscombe, G. E. M. , *From Plato to Wittgenstein*, edited by M. Geach and L. Gormally (St Andrews: St Andrews Studies in Philosophy and Public Affairs, 2011).

Anscombe, G. E. M., 'Letter to the Editor', *Der Monat*, 43 (1952), pp. 97-98.

Anscombe, G. E. M., 'The Reality of the Past' in M. Black (ed.), *Philosophical Analysis: A Collection of Essays* (Ithaca: Cornell University Press, 1950), pp. 38-59.

Anscombe, G. E. M., Rhees, R. and von Wright, G. H., 'Note', *Mind*, 60 (1951), p. 584.

Bartley, W. W., *Wittgenstein* (London: Quartet Books, 1973).

Baum, W., *Wittgenstein im ersten Weltkrieg* (Vienna: Kitab-Verlag, 2014).

Broad, C. D., 'Hr. von Wright on the Logic of Induction (I-III)', *Mind*, 53 (1944), pp. 1-24, 97-119, 193-214.

Broad, C. D., 'Review of Norman Malcolm. *Ludwig Wittgenstein: A Memoir*', *Universities Quarterly* (= *Higher Education Quarterly*), 13 (1959), pp. 304-306.

Cranston, M., 'Bildnis eines Philosophen', *Der Monat*, 41 (1952), pp. 495-497. Reprinted in: *Ludwig Wittgenstein: Schriften: Beiheft* (Frankfurt am Main: Suhrkamp, 1960), pp. 16-20.

Erbacher, C., ' "Among the omitted stuff, there are many good remarks of a general nature" -On the Making of von Wright and Wittgenstein's Culture and Value', *Northern European Journal of Philosophy*, SATS,

18（2）（2017），pp. 79-113.

Erbacher, C. ,'Brief aus Norwegen', *Deutsche Zeitschrift für Philosophie*, 65（3）（2017），pp. 574-88.

Erbacher, C. ,'Das Drama von Tübingen. Eine Humanities and Technology Story', *Working Paper Series Media of Cooperation*, 13（2019），pp. 1-42.

Erbacher, C. ,'Editorial Approaches to Wittgenstein's Nachlass: Towards a Historical Appreciation', *Philosophical Investigations*, 38（2015），pp. 165-198.

Erbacher, C. ,' "Good" Philosophical Reasons for "Bad" Editorial Philology? On Rhees and Wittgenstein's Philosophical Grammar', *Philosophical Investigations*, 42（2）（2019），pp. 111-145.

Erbacher, C. ,'The Letters which Rush Rhees, Elizabeth Anscombe, and Georg Henrik von Wright Sent to Each Other', in T. Wallgren（ed.）, *The Creation of Wittgenstein*（London: Bloomsbury, forthcoming）.

Erbacher, C. ,'Unser Denken bleibt gefragt: Web 3.0 und Wittgensteins Nachlass', in S. Windholz and W. Feigl（eds.）, *Wissenschaftstheorie, Sprachkritik und Wittgenstein*（Heusenstamm: Ontos, 2011），pp. 135-146.

Erbacher, C. ,'Wittgenstein and his Literary Executors-Rush Rhees, Georg Henrik von Wright and Elizabeth Anscombe as Students, Colleagues and Friends of Ludwig Wittgenstein', *The Journal for the History of Analytical Philosophy*, 4（3）（2016），pp. 1-39.

Erbacher, C. , dos Santos Reis, A. and Jung, J. ,' "Ludwig Wittgenstein" -A BBC Radio Talk by Elizabeth Anscombe in May 1953', *Nordic Wittgenstein Review* 8 (1-2) (2019), pp. 225-240.

Erbacher, C., Jung, J. and Seibel, A., 'The Logbook of Editing Wittgenstein's *Philosophische Bemerkungen* ', *Nordic Wittgenstein Review* 6 (1) (2017), pp. 105-147.

Erbacher, C. and Krebs, S. V., 'The First Nine Months of Editing Wittgenstein: Letters from G. E. M. Anscombe and R. Rhees to G. H. v. Wright', *Nordic Wittgenstein Review*, 4 (2015), pp. 195-231.

Erbacher, C. and Schirmer, T., 'On Continuity: Rush Rhees on Outer and Inner Surfaces of Bodies ', *Philosophical Investigations*, 39 (2016), pp. 3-30.

Ferrater Mora, J., 'Wittgenstein oder die Destruktion', *Der Monat*, 41 (1952), pp. 489-495. Reprinted in: *Ludwig Wittgenstein: Schriften: Beiheft* (Frankfurt am Main: Suhrkamp, 1960), pp. 21-9.

Gasking, D. A. T. and Jackson, A. C., 'Ludwig Wittgenstein', *Australasian Journal of Philosophy*, 29 (1953), pp. 73-80.

Groddeck, W., Martens, G., Reuß and Straengle, P. 'Gespräch über die Bände 7&8 der Frankfurt Hölderlin-Ausgabe ' *Text. Kritische Beiträge* 8 (2003), pp. 1-55.

Ground, I. and Flowers III, F., *Portraits of Wittgenstein* (London: Bloomsbury Academic, 2015).

Hacker, P. and Baker, G., *Volume 1-4 of an Analytical Commentary in Philosophical Investigations* (Oxford: Wiley-Blackwell, 1980-1996).

Harrè, R. , 'Gilbert Ryle and the Tractatus', *Linacre Journal*, 3 (1999), pp. 39 – 53. www. linacre. ox. ac. uk/facilities/library/gilbert-ryle-collection

Hayek, F. A. v. , *Friedrich August von Hayek's Draft Biography of Ludwig Wittgenstein: The Text and Its History* (Paderborn: Mentis, 2019).

Hintikka, J. , 'An Impatient Man and His Papers', *Synthese*, 87 (2) (1991), pp. 183–201.

Hintikka, J. , "On Wittgenstein's 'Solipsism'", *Mind*, 67 (265) (1958), pp. 88–91.

Hölderlin, F. , *Sämtliche Werke. Historisch-kritische Ausgabe in 20 Bänden und 3 Supplementen*, edited by D. E. Sattler (Frankfurt am Main, Basel: Stroemfeld/Roter Stern, 1975–2008).

Huitfeldt, C. , 'Multi-Dimensional Texts in a One-Dimensional Medium', *Computers and the Humanities*, 28 (1995), pp. 235–241.

Huitfeldt, C. , 'Toward a Machine Readable Version of Wittgenstein's Nachlaß. Some Editorial Problems', in H. G. Senger (ed.), *Editio*, 6, *Philosophische Editionen* (Tübingen: Niemeyer, 1994), pp. 37 – 43.

Huitfeldt, C. and Rossvær, V. , *The Norwegian Wittgenstein Project Report* 1988 (Bergen: University of Bergen, 1988).

Janik, A. , 'Remembering Kirchberg 1977', in C. Kanzian, V. Munz and S. Windholz (eds.), *Wir hofften jedes Jahr noch ein weiteres Symposium machen zu können. Zum 30. Internationalen Wittgenstein Symposium* in Kirchberg am Wechsel (Heusenstamm: Ontos, 2007), pp. 94–95.

Janik, A., *Wittgenstein's Vienna Revisited* (New Brunswick: Transaction Publishers, 2001).

Kenny, A., 'A Brief History of Wittgenstein Editing', in A. Pichler and S. Säätelä (eds.), *Wittgenstein: The Philosopher and His Works* (Heusenstamm: Ontos, 2005), pp. 341–355.

Kenny, A., 'From the Big Typescript to the Philosophical Grammar', in J. Hintikka (ed.), *Essays on Wittgenstein in Honour of G. H. Von Wright, Acta Philosophica Fennica*, 28 (Helsinki: University of Helsinki, 1976), pp. 41–53.

Kenny, A., *A Life in Oxford* (London: John Murray, 1997).

Klagge, J., *Wittgenstein in Exile* (Cambridge, MA: MIT Press, 2011).

Klagge, J., 'The Wittgenstein Lectures, Revisited', *Nordic Wittgenstein Review*, 8 (1+2) (2019), pp. 11–82.

Kreisel, G., 'Wittgenstein's *Remarks on the Foundations of Mathematics*', *British Journal for the Philosophy of Science*, 9 (34) (1958), pp. 135–158.

Malcolm, N., 'Wittgenstein, Ludwig Josef Johann', in P. Edwards (ed.), *The Encyclopedia of Philosophy* (London: Macmillan Company and The Free Press, 1967), pp. 327–340.

Maury, A., 'Sources of the Remarks in Wittgenstein's *Philosophical Investigations*', *Synthese*, 98 (1994), pp. 349–378.

Maury, A., 'Sources of the Remarks in Wittgenstein's *Zettel*', *Philosoph-

ical Investigations, 4 (1981), pp. 57-74.

McGuinness, B. F., *Approaches to Wittgenstein: Collected Papers* (London: Routledge, 2002).

McGuinness, B. F., *Wittgenstein: A Life. Young Ludwig*, 1889 – 1921 (London: Duckworth, 1988).

McGuinness, B. F., *Wittgenstein und Schlick* (Berlin: Parerga Verlag, 2010).

McGuinness, B. F. (ed.), *Moritz Schlick* (Heidelberg: Springer, 1985).

McGuinness, B. F. and Edwards-McKie, S., 'A Tapestry: Susan Edwards-McKie Interviews Professor Dr. B. F. McGuinness on the Occasion of His 90th Birthday', *Nordic Wittgenstein Review*, 6 (2) (2017), pp. 85-90.

Monk, R., *Ludwig Wittgenstein-The Duty of Genius* (London: Vintage, 1991).

Moyal-Sharrock, D. (ed.), *The Third Wittgenstein. The Post-Investigations Works* (Aldershot: Ashgate, 2004).

Mühlhölzer, F., *Braucht die Mathematik eine Grundlegung? Ein Kommentar des Teils III von Wittgensteins Bemerkungen über die 'Grundlagen der Mathematik'* (Frankfurt am Main: Vittorio Klostermann, 2010).

Nedo, M., *Einführung in die Wiener Ausgabe* (Vienna: Springer, 1993).

New York Times, 'Radicalism of Rochester President's Son Causes Professor to Bar Youth from Class', 28th. February 1924, p. 1.

参考文献

Österman, B., '"He is a Perfect Nature-Being-and a Perfect Viennese!": Von Wright and Wittgenstein in Cambridge 1939', in A. Siegetsleitner, A. Oberprantacher, and M-L. Frick (eds.), *Crisis and Critique: Philosophical Analysis and Current Events: 42nd International Wittgenstein Symposium. Kirchberg am Wechsel 4. – 10. August 2019*, *Vol.* 42 (Kirchberg am Wechsel, 2019), pp. 181–183.

Österman, B., 'Healing the Rift: How G. H. v. Wright made Philosophy Relevant to his Life', *Journal for the History of Analytical Philosophy*, 7 (8) (2019), pp. 1–18.

Paul, D., *Wittgenstein's Progress 1929–1951* (Bergen: Wittgenstein Archives, 2007).

Penrose, L. S. and Penrose, R., 'Impossible Objects: A Special Type of Visual Illusion', *British Journal of Psychology*, 49 (1) (1958), pp. 31–33.

Phillips, D. Z., 'Rush Rhees: A Biographical Sketch', in D. Z. Phillips (ed.), *Wittgenstein and the Possibility of Discourse*, 2nd. edition (Malden, MA: Blackwell, 2006), pp. 266–275.

Pichler, A., *Untersuchungen zu Wittgensteins Nachlaß* (Bergen: Wittgenstein Archives, 1994).

Pichler, A., Biggs, M. A. R. and Szeltner, S. A., 'Bibliographie der deutsch-und englischsprachigen Wittgenstein-Ausgaben', *Wittgenstein-Studien*, 2 (2011), 249–286. www. ilwg. eu/files/Wittgenstein_ Bibliographie. pdf. Accessed 27th. August 2019.

Pichler, A. and Bruvik, T. M., 'Digital Critical Editing: Separating Encoding from Presentation', in D. Apollon, C. Belisle and P. Regnier (eds.), *Digital Critical Editions* (Champaign, IL: University of Illinois Press, 2014), pp. 179–199.

Pilch, M., 'Frontverläufe in Wittgenstein*Prototractatus*', Wittgenstein-Studien, 9 (1) (2018), pp. 101–154.

Potter, M., *Wittgenstein's Notes on Logic* (Oxford: Oxford University Press, 2011).

Ranchetti, M., *Lezioni e conversazioni sull' etica, l'estetica, la psicologia e la credenza religiosa*, edited by M. Ranchetti (Milan: Adelphi 1967).

Redpath, T., *Ludwig Wittgenstein: A Student's Memoir* (London: Duckworth, 1990).

Rhees, R., '*The Tractatus*: Seeds of Some Misunderstandings', *Philosophical Review*, 72 (2) (1963), pp. 213–220.

Rhees, R., 'Wittgenstein', *The Human World*, 14 (1974), pp. 66–78.

Rhees, R., *Wittgenstein's On Certainty. There-Like Our Lifes*, edited by D. Z. Phillips (Malden: Blackwell, 2003).

Rhees, R. (ed.), *Recollections of Wittgenstein* (Oxford: Oxford University Press, 1984).

Rinofner-Kreidl, S. and Wiltsche, H. A. (eds.), *Analytic and Continental Philosophy-Methods and Perspectives. Proceedings of the 37th Inter-

参考文献

national Wittgenstein Symposium (Berlin: DeGruyter, 2016).

Rothhaupt, J., 'Wittgensteins "General Remarks"', *Wittgenstein-Studien*, 8 (2017), pp. 103–136.

Schulte, J., 'Memories of Georg Henrik von Wright', in G. Meggle and R. Vilkko (eds.), 'Georg Henrik von Wright's book of friends', *Acta Philosophica Fennica*, 92 (2016), pp. 187–202.

Schulte, J., 'Die Revision der englischen Übersetzung von Wittgensteins Philosophischen Untersuchungen. Ein Erfahrungsbericht', in M. Kroß and E. Ramharter (eds.), *Wittgenstein übersetzen* (Berlin: Parerga Verlag, 2012), pp. 173–194.

Schulte, J., 'Der Waismann-Nachlass', *Zeitschrift für Philosophische Forschung*, 33 (1976), pp. 108–140.

Schulte, J., 'What Is a Work by Wittgenstein?', in A. Pichler and S. Säätelä (eds.), *Wittgenstein: The Philosopher and His Works* (Heusenstamm: Ontos, 2005), pp. 397–404.

Schulte, J., 'Wittgenstein's Last Writings', in S. Rinofner-Kreidl and H. A. Wiltsche (eds.), *Analytic and Continental Philosophy Methods and Perspectives. Proceedings of the 37th International Wittgenstein Symposium* (Berlin: De Gruyter, 2016), pp. 63–78.

Somavilla, I., 'Wittgenstein's Coded Remarks in the Context of His Philosophizing', in N. Venturinha (ed.), *Wittgenstein After His Nachlass* (Basingstoke: Palgrave Macmillan, 2010), pp. 30–59.

Stadler, F., *Studien zum Wiener Kreis. Ursprung, Entwicklung and*

Wirkung des Logischen Empirismus im Kontext (Frankfurt am Main: Suhrkamp, 1997).

Stern, D., 'The Availability of Wittgenstein's Philosophy', in H. Sluga and D. Stern (eds.), *The Cambridge Companion to Wittgenstein* (Cambridge: Cambridge University Press, 1996), pp. 442–476.

Stern, D. G., 'How Many Wittgensteins?', in A. Pichler and S. Säätelä (eds.), *Wittgenstein: The Philosopher and His Works* (Heusenstamm: Ontos, 2005), pp. 164–188.

Teichmann, J., (2001), (Gertrude) Elizabeth Margaret Anscombe (1919–2001). *Oxford Dictionary of National Biography*. www.oxforddnb.com/. Accessed 10th. December 2013.

Teichmann, R., *The Philosophy of Elizabeth Anscombe* (Oxford: Oxford University Press, 2008).

Toulmin, S. and Janik. A., *Wittgenstein's Vienna* (New York: Simon & Schuster, 1973).

Uffelmann, S., 'Vom System zum Gebrauch. Eine genetischphilosophische Untersuchung des Grammatikbegriffs bei Wittgenstein', in J. Conant, W., Kienzler, S. Majetschak, V. Munz, J. Rothaupt, D. Stern, and W. Vossenkuhl (eds.), *Über Wittgenstein*, 3vols. (Berlin: De Gruyter, 2018).

Urmson, J. O., *Philosophical Analysis: Its Development Between the Two World Wars* (Oxford: Oxford University Press, 1956).

Westergaard, P., 'On the "Ketner and Eigsti Edition" of Wittgen-

参考文献

stein's *Remarks on Frazer's The Golden Bough*', *Nordic Wittgenstein Review* 4 (2) (2015), pp. 117–142.

Wisdom, J., 'Philosophical Perplexity', *Proceedings of the Aristotelian Society*, 37 (1937), pp. 71–88.

The Wittgenstein Archives at the University of Bergen, 'The Wittgenstein Archive at the University of Bergen: Annual Report 1995', *Working Papers from the Wittgenstein Archives at the University of Bergen*, No. 12 (1996).

The Wittgenstein Archives at the University of Bergen, 'The Wittgenstein Archive at the University of Bergen: Project Report 1990–1993 and Critical Evaluation', *Working Papers from the Wittgenstein Archives at the University of Bergen*, No. 9 (1995).

The Wittgenstein Archives at the University of Bergen, 'The Wittgenstein Archive at the University of Bergen: Background, Project Plan, and Annual Report 1990', *Working Papers from the Wittgenstein Archives at the University of Bergen*, No. 2 (1991).

Wittgenstein, L., Rhees, R. and Citron, G. (eds.), 'Wittgenstein's Philosophical Conversations with Rush Rhees (1939–1950): From the Notes of Rush Rhees', *Mind*, 142 (2015), pp. 1–71.

Wright, G. H. v., 'Intellectual Autobiography' in P. A. Schilpp and L. E. Hahn (eds.), *The Philosophy of Georg Henrik von Wright*, Volume 19 (La Salle, IL: Open Court, 1989), pp. 3–58.

Wright, G. H. v., 'Logistik filosofi', *Nya Argus*, 13 (1938), pp. 175-177.

Wright, G. H. v., 'Ludwig Wittgenstein: A Biographical Sketch', *Philosophical Review*, 64 (1955), pp. 527-545.

Wright, G. H. v., *Mitt Liv som jeg minns det* (Helsingfors: Söderström, 2001).

Wright, G. H. v., The Origin and Composition of Wittgenstein's Investigations, in C. G. Luckhardt (ed.), *Wittgenstein: Sources and Perspectives* (Ithaca, NY: Cornell University Press, 1979), pp. 138-160.

Wright, G. H. v., 'Special Supplement: The Wittgenstein Papers', *Philosophical Review*, 78 (4) (1969), pp. 483-503. Updates of the catalogue have been pub-lished in J. Klagge and A. Nordmann, *Ludwig Wittgenstein. Philosophical Occasions* 1912-1951 (Indianapolis: Hackett Publishing Company, 1993), pp. 480-510.

Wright, G. H. v., 'The Troubled History of Part II of the Investigations', *Grazer Philosophische Studien*, 42 (1992), pp. 181-192.

Wright, G. H. v., 'Über Wahrscheinlichkeit. Eine logische und philosophische Untersuchung', *Acta Societatis Scientiarum Fennicae Nova Series A*, 3 (11) (1945).

Wright, G. H. v., *Wittgenstein* (Minneapolis: University of Minnesota Press, 1982).

档案材料和口述历史访谈

Anscombe, A., 'Correspondence with Rhees', Anscombe Archive at

参考文献

the University of Pennsylvania.

Documents archived by Peter Winch and succeeding secretaries to the board of trustees at the Wren Library at Trinity College Cambridge.

Heringer, J., 'Oral history interview', 23th. March 2018, Erbacher personal archive.

Huitfeldt, C., 'Oral history interview', 27th. August 2012, 18th. June 2015, Erbacher personal archive.

Johannessen, H., 'Oral history interview', June 2015, Erbacher personal archive.

Kastil, A., 'Nachlass', Franz Brentano-Archiv at the University of Graz.

Kenny, A., 'Oral history interview', 27th. March 2013, Erbacher personal archive.

Maury, A., 'Oral history interview', 26th. September 2012, Erbacher personal archive.

McGuinness, B., 'Oral history interview', 20th.-23rd. October 2013, Erbacher personal archive.

Nedo, M., 'Oral history interview', 22nd.-24th. July 2015, Erbacher personal archive.

Nordenstam, T., 'Oral history interview', 15th. December 2014, Erbacher personal archive.

Nowak, R., 'Documents related to the Wittgenstein Archive at the University of Tübingen', Nowak personal archive.

Nowak, R. , 'Oral history interview', 23rd. May 2015, Erbacher personal archive.

[70] Pichler, A. and Krüger, W. , 'Oral history interview', 6th. December 2013, Erbacher personal archive.

Rhees, R. , 'Correspondence with Anscombe', Richard Burton Archive at the University of Swansea, UNI/SU/PC/1/1/3/2.

Rhees, R. , 'Correspondence with Drury', Richard Burton Archive at the University of Swansea, UNI/SU/PC/1/1/3/4.

Rhees, R. , 'Correspondence with Kenny', Richard Burton Archive at the University of Swansea, UNI/SU/PC/1/2/6/4.

Rhees, R. , 'Correspondence with McGuinness', Richard Burton Archive at the University of Swansea, UNI/SU/PC/1/1/3/5.

'Rhees Papers' at the Wren Library at Trinity College Cambridge.

Rossvær, V. , 'Oral history interview', 16th.-20th. April 2018, Erbacher personal archive.

Wright, G. H. v. , 'Correspondence with Anscombe', 1947–2001, National Library of Finland, COLL. 714. 11–12.

Wright, G. H. v. , 'Correspondence with Kaila', National Library of Finland, COLL. 714. 102–103

Wright, G. H. v. , 'Correspondence with Kenny', National Library of Finland, COLL. 714. 110–111.

Wright, G. H. v. , 'Correspondence with Malcolm', National Library of Finland, COLL. 714. 142–148.

参考文献

Wright, G. H. v. , 'Correspondence with McGuinness', National Library of Finland, 714. 164.

Wright, G. H. v. , 'Correspondence with Rhees', 1951 – 1967, 1989 NLF, COLL. 714. 200–201.

Wright, G. H. v. , 'Correspondence with Rhees', 1968 – 1988, von Wright and Wittgenstein Archives at the University of Helsinki.

致　　谢

本书的研究得到了多个机构的资助：北欧研究基金（Nordforsk）的"北欧联合使用卑尔根大学维特根斯坦档案馆（WAB Bergen）和赫尔辛基大学冯·赖特和维特根斯坦档案馆（VWA Helsinki）"项目（2010年和2011年），挪威研究理事会的"通过编辑过程塑造一个知识领域：以维特根斯坦的作品为例"项目（NFR 213080，2012—2015年），德国研究基金会的"协作的媒介，TP P01：实践理论的科学媒介：哈罗德·加菲因克尔和路德维希·维特根斯坦"项目（SFB 1187，2016—2019年）。洪堡基金会通过"分析的德国观念论研究中心"支持了本书部分内容的研究，芬兰科学院通过"维特根斯坦的创造"项目提供了支持。

我要感谢以下图书馆和档案馆提供的宝贵资源：利默里克大学的德鲁里档案馆、格拉茨大学的弗朗茨·布伦塔诺档案、芬兰国家图书馆、斯旺西大学的理查德·伯顿档案馆、赫尔辛基大学的冯·赖特和维特根斯坦档案、卑尔根大学的维特根斯坦档案馆、剑桥三一学院的雷恩图书馆、准备中的安斯康姆档案以及朱尔根·赫林格和赖因哈

致　　谢

德·诺瓦克的私人档案馆。

我要感谢以下版权持有人同意我引用信件内容：M.C. 戈玛利女士（玛丽·吉奇博士）授权引用安斯康姆的信件，阿妮塔和本尼迪克特·冯·赖特授权引用冯·赖特的信件，以及沃尔克·穆恩兹、理查德·伯顿档案和弗朗茨·布伦塔诺档案馆授权引用里斯的信件。

我要感谢以下人士在口头访谈中分享他们的回忆和观点：詹姆斯·科南特、尼古拉斯·德尼尔、科拉·戴蒙德、玛丽·吉奇、凯文·菲茨帕特里克、卢克·戈玛利、英格丽·亨瑟尔、彼得·哈克、朱尔根·赫林格、克劳斯·惠特费尔德、托雷·诺登斯塔姆、艾伦·贾尼克、哈拉尔德·约翰尼森、安东尼·肯尼、安德烈·毛利、迈克尔·内多、弗朗茨·赫斯佩、英戈尔夫·马克斯、布莱恩·麦奎尼斯、安瑟姆·穆勒、霍华德·芝斯、威廉·奥特、赖因哈德·诺瓦克、阿洛伊斯·皮希勒、威廉·克吕格、维格·罗斯韦尔、马里奥·冯·德·鲁尔、约阿希姆·舒尔特、佩格·斯迈西、皮埃尔·斯通伯勒、阿妮塔·冯·赖特和本尼迪克特·冯·赖特。

我要感谢以下人士在一些关键的讨论中给予的帮助：詹姆斯·科南特、艾伦·贾尼克、伯恩特·厄斯特曼、阿洛伊斯·皮希勒、埃哈德·舍特佩尔茨和托马斯·瓦尔格伦。

我还要感谢以下人士在编辑和校对工作上的帮助：阿林·莫伊、朱莉娅·荣、安妮·多斯桑托斯·雷斯，以及最后也要感谢大卫·斯特恩。

要不是和拉尔夫·朱埃尔进行了温暖而鼓舞人心的交谈，这本书也不会写成。

附录2 维特根斯坦遗作的编辑方法：走向历史的理解（节选）

维特根斯坦遗作的编辑方法：走向历史的理解[①]

克里斯蒂安·厄尔巴赫

阜尔根大学，阜尔根大学维特根斯坦档案馆

摘　要：本文以维特根斯坦的文稿执行人拉什·里斯、伊丽莎白·安斯康姆和乔治·亨利克·冯·赖特之间未发表的通信为基础，概述了对维特根斯坦遗作所采取的不同编辑方法的历史发展。以梯子作比喻，我们可以在维特根斯坦著作编辑历史中区分出七个明显的"阶梯"（rungs）或"步骤"。本文重点关注前四个阶梯，由此尝试梳理清楚里斯、安斯康姆和冯·赖特如何发展出了不同的编辑方法，

[①] 此附录是译者添加的。本文原载于：Christian Erbacher, 'Editorial Approaches to Wittgenstein's Nachlass: Towards a Historical Appreciation', *Philosophical Investigations*, 38, 3rd July 2015。——译者注

附录2　维特根斯坦遗作的编辑方法：走向历史的理解（节选）

从而导致他们所编辑的书有着显著的差异。本文阐明了这些编辑差异如何根植于编辑们对他们的任务的不同理解。由此表明，未来的研究可以将维特根斯坦遗作编辑方法的发展视为哲学传承的人文故事进行探究。

Ⅰ. 维特根斯坦著作编辑的七个阶梯

《逻辑哲学论》（TLP 1922）[①] 是路德维希·维特根斯坦在其有生之年出版的唯一一本哲学著作，然而他给后世留下了大约18000页未发表的文稿，这些文稿写就于1929年至1951年间。在他1951年1月份所留的遗嘱中，维特根斯坦给他的三位朋友指定了从这些作品中出版他们认为适合的内容的任务。按照维特根斯坦的意愿，这三位文稿继承人——拉什·里斯、伊丽莎白·安斯康姆和乔治·亨利克·冯·赖特——编辑了有关维特根斯坦后期哲学的书籍（以各个版本

[①] 文本的研究得到了挪威研究理事会的资助，是"通过编辑过程塑造一个知识领域：以维特根斯坦的作品为例"（Shaping a Domain of Knowledge by Editorial Processing: The Case of Wittgenstein's Work）项目（NFR 213080）的部分成果。在我的研究和写作过程中，很多人提供了帮助。我非常感谢佩格·斯迈西允许我引用拉什·里斯的信件；令人伤心的是，在我写作这篇文章时她不幸去世。我要感谢阿妮塔和本尼迪克特·冯·赖特允许我引用乔治·亨利克·冯·赖特的信件，以及玛丽·吉奇允许我引用伊丽莎白·安斯康姆的信件。感谢斯旺西大学的理查德·伯顿档案馆允许我引用他们所拥有的里斯信件。我也非常感谢布瑞恩·麦奎尼斯、冯·赖特和维特根斯坦档案馆（WWA）、芬兰国家图书馆（NLF）以及理查德·伯顿档案馆允许我接触获取我所引用到的那些信函和其他材料。在语言的修正和改进方面，我要感谢阿林·莫伊和马里奥·冯·德·鲁尔。本文的一个早期版本曾在卑尔根大学哲学系展示；我要感谢那次研讨会的所有与会者们的宝贵意见。本文所有对维特根斯坦著作的引用都按照皮希勒等（2011：249-286）。

指称），这使得所有对之感兴趣的读者都可以接触维特根斯坦的后期哲学（见表1a）。众所周知，由文献执行者制作的这些版本在编辑介入程度上存在着相当大的差异。一方面，材料本身就要求不同的编辑方法，这是因为维特根斯坦的工作方式产生了很多未经雕琢的评论集，同时也有经历了他自己几个阶段的编辑过程而产生的一些完成度比较高的选集和安排。另一方面，文献执行者有着不同的编辑经验，而且在他们进行编辑任务的过程中发展出了不同的编辑方法。文献材料的不同状况或地位以及不同的编辑策略，使得人们根本就不可能看到书籍和维特根斯坦遗作里的材料之间有着怎样的一般的关联特征。此外，截至目前，文献执行者制作的这些版本并不是唯一可供我们选择的版本："维也纳版""卑尔根电子版"以及维特根斯坦的两个主要著作《逻辑哲学论》（TLP）和《哲学研究》（PI）的批判版（见表1b）。

为了澄清这种有些混乱的状况，本文会首先为从维特根斯坦遗作里产生的各个版本做一个明晰的重建（见图1）。为了说明其中的结构，我们选择用梯子的阶梯作比喻。这些阶梯只是大概地而非精确地按照时间次序排列，而且为了明晰起见，我们也不会讨论所有版本。例如，尽管信件和日记的各个版本以及基于讲座笔记产生的各个版本对于考察维特根斯坦著作编辑史来说也很重要，但我们并未把它们包含在图1里。然而，这七个阶梯代表了维特根斯坦遗作编辑工作发展中的重要步骤。它们对应于冯·赖特在区分维特根斯坦著作的编辑工

附录2 维特根斯坦遗作的编辑方法：走向历史的理解（节选）

作时所划分的那几"轮"（rounds）（见图1，右侧）[①]。冯·赖特用"第一轮"（first round）这个说法指维特根斯坦最开始的那几位文献执行人出版的书籍版本。当时的编辑目标是让维特根斯坦的著作以易读的、不带学术性注释的书籍形式呈现给大众。相比之下，后续几轮的特点是提供更具学术性的版本。本文主要关注的是冯·赖特所说的第一轮编辑活动，我们在其中又区分出四个阶梯，它们分别代表三位文献执行人不同的编辑方法。

表 1a　　　　　维特根斯坦遗作的第一轮编辑活动

出版年份	英文版 （牛津：布莱克威尔）	德文版 （美茵河畔法兰克福：苏尔坎普）
1953	*Philosophical Investigations*, ed. G. E. M. Anscombe and R. Rhees (*PI*)	
1956	*Remarks on the Foundations of Mathematics*, ed. G. H. von Wright, R. Rhees and G. E. M. Anscombe (*RFM*)	
1960		*Schriften Band 1. Tractatus logico-philosophicus*, *Tagebücher 1914–1916*, *Philosophische Untersuchungen*
1961	*Notebooks 1914–1916*, ed. G. H. von Wright and G. E. M. Anscombe (*NB*)	
1964		*Schriften Band 2. Philosophische Bemerkungen*

---

① 冯·赖特（2001：158-168）。

维特根斯坦的继承人与编者

续表

出版年份	英文版 （牛津：布莱克威尔）	德文版 （美茵河畔法兰克福：苏尔坎普）
1967	*Zettel*, ed. G. E. M. Anscombe and G.H.von Wright (*Z*)	
1967		*Schriften Band 3. Wittgenstein und der Wiener Kreis*
1969	*On Certainty*, ed. G. E. M. Anscombe and G. H. von Wright (*OC*)	
1969	*Philosophische Grammatik*, ed. R. Rhees (*PG*)	
1969		*Schriften Band 4. Philosophische Grammatik* *Schriften Band 5. Das Blaue Buch, Eine Philosophische Betrachtung, Zettel*
1971		*Über Gewissheit*, ed. G. E. M. Anscombe and G. H. von Wright
1974	*Philosophical Grammar*, ed. R. Rhees (*PG*)	
1974		*Schriften Band 6. Bemerkungen über die Grundlagen der Mathematik*
1975	*Philosophical Remarks*, ed. R. Rhees (*PB*)	
1977		*Vermischte Bemerkungen*, ed. G. H. von Wright and H. Nyman

附录 2　维特根斯坦遗作的编辑方法：走向历史的理解（节选）

续表

出版年份	英文版 （牛津：布莱克威尔）	德文版 （美茵河畔法兰克福：苏尔坎普）
1980	*Remarks on the Philosophy of Psychology*, Vol. 1., ed. G. E. M. Anscombe and G. H. von Wright (*RPP* 1)	
1980	*Remarks on the Philosophy of Psychology*, Vol. 2, ed. G. H. von Wright and H. Nyman (*RPP* 2)	
1982	*Last Writings on the Philosophy of Psychology*, Vol. 1, ed. G. H. von Wright and H. Nyman (*LW* 1)	
1982		*Schriften Band 8. Bemerkungen über die Philosophie der Psychologie*
1992	*Last Writings on the Philosophy of Psychology*, Vol. 2, ed. G. H. von Wright and H. Nyman (LW 2)	
1993		*Letzte Schriften über die Philosophie der Psychologie*

表 1b　　　　维特根斯坦遗作的后续几轮编辑活动

1989	*Logisch-philosophische Abhandlung. Tractatus logico-philosophicus-Kritische Edition*, ed. Brian McGuinness and Joachim Schulte, Frankfurt a. M.：Suhrkamp (*TLP* 1989)
1994-2000	*Ludwig Wittgenstein, Wiener Ausgabe*, Vol. 1-5, *Register, Synopse, Big Typescript*, ed. Michael Nedo, Heidelberg, New York：Springer (*WA*)

续表

1989	*Logisch-philosophische Abhandlung. Tractatus logico-philosophicus-Kritische Edition*, ed. Brian McGuinness and Joachim Schulte, Frankfurt a. M.：Suhrkamp（*TLP* 1989）
2000	*Wittgenstein's Nachlass-The Bergen Electronic Edition*, ed. The Wittgenstein Archive, University of Bergen, Oxford：Oxford University Press（*BEE*）
2001	*Philosophische Untersuchungen. Kritisch-genetische Edition*, ed. Joachim Schulte in cooperation with Heikki Nyman, Eike von Savigny and G. H. von Wright, Frankfurt a. M.：Suhrkamp（*PU* 2001）

注意：本表只收录了书籍或光盘的第一版。未收录基于讲座笔记的版本。更加详尽的文献目录，参见皮希勒等（2011：249-286）。

里斯、安斯康姆和冯·赖特并未隐瞒他们的编辑性介入，但学者们还是批评他们的序言过于简省、书的外观过于统一，这使得读者们很难分辨出他们在制作其中一些版本时到底使用了遗作里的哪些材料以及是如何使用这些材料的。[①] 虽然我们在讨论不同的编辑阶梯时会谈到好几个有关编辑的问题，但本文的主要目的不是追溯编辑活动的细节，而是试图展示新的档案材料会怎样改变人们看待维特根斯坦遗作编辑史的角度。考察编辑者们各自独特的编辑方式背后的原因和动机可能会让我们更好地理解维特根斯坦遗作的编辑史——它不只是一个编辑—语文学论域的问题，而且是一个有关哲学传承的人文故事。为了激发这种视角，本文一窥维特根斯坦文献执行人之

---

① 参考斯特恩（1996：442-476）。

附录2 维特根斯坦遗作的编辑方法：走向历史的理解（节选）

间迄今为止未发表的通信，旨在勾勒出他们的编辑方法是如何历史性地发展出来的。

Ⅱ．第一阶：维特根斯坦的代表作：《哲学研究》（PI）

维特根斯坦于1951年4月去世后，被指定的文献执行人立即着手出版他们认为维特根斯坦展望中的著作：《哲学研究》。作为维特根斯坦的学生、朋友和同事，文献执行人们对这本书里的大部分内容都已经很熟悉了。从这本书1936年的第一版，一直到维特根斯坦最后试图完成它的努力，里斯见证了该书发展的整个过程。在维特根斯坦的同意下，安斯康姆承诺在1949—1950年这个节点上完成对《哲学研究》的翻译。维特根斯坦曾就编辑工作方面的问题与安斯康姆和里斯进行过讨论，因此文献执行人毫不迟疑地认为，维特根斯坦去世后出版的第一部作品应该是最新一版的《哲学研究》。他们很快找到了一家著名的出版社：布莱克威尔。然而，该公司的经理未能获得与《哲学研究》一块再版《逻辑哲学论》的许可，而这是维特根斯坦在1944年考虑与剑桥大学出版社合作出版该书时所设想的。尽管剑桥大学出版社曾经从劳特里奇和基根·保罗公司（Routledge and Kegan Paul）获得了这样的许可，但布莱克威尔未能获得类似的协议。这样一来，《哲学研究》就不得不在没有《逻辑哲学论》的情况下独自面世了。

维特根斯坦的继承人与编者

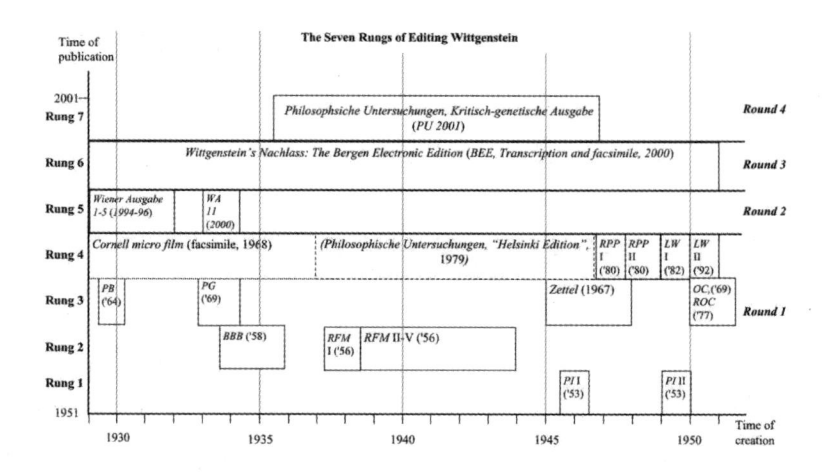

图 1 该表标示了维特根斯坦遗作里的著作的创作日期和维特根斯坦去世后著作的出版日期，由此展示了维特根斯坦遗作编辑历史上的重要阶段。前四阶同时也可以看作冯·赖特（2001：158-168）所谓的第一轮维特根斯坦编辑活动的一个更详细的结构。各版本的简写（比如 PI, RFM, BBB, PB, PG）效仿的是：皮希勒、比格斯、塞尔特纳（2011：249-286）。

《哲学研究》（PI 1953）的出版合同是在 1951 年 11 月签署的。安斯康姆和里斯在 1951 年年底之前利用维特根斯坦的原始打字稿准备好了德文文本的印刷副本。安斯康姆翻译的那一部分——也就是现在所说的"第一部分"（§§1-693）——可能在那个时候也已经完成了。① 然而，直到 1952 年夏天将它送到印刷厂之前，安斯康姆还一直忙于完善她的译作。同时她也还在继续地修订、校对版面，直到

---

① 吉奇（1988：xii），《维特根斯坦 1946—1947 年关于哲学心理学的讲演集》（PGL）的编者前言。

附录2 维特根斯坦遗作的编辑方法：走向历史的理解（节选）

印刷工作最终实际上在1953年开始为止。在翻译和排版的过程中，维特根斯坦的其他朋友和学生，比如乔治·克莱塞尔和皮埃罗·斯拉法（Piero Sraffa），也提供了咨询。安斯康姆在书籍面世后进一步审查了翻译，并在《心灵》杂志上发布了一份更正表。[①] 她对这个项目的悉心毕力所换来的译作，为维特根斯坦哲学的流行作了巨大贡献，这一影响甚至超越了英语世界。50年来，世界各地的学者对安斯康姆译本的引用几乎堪比德文原版。[②]

然而，随着里斯和安斯康姆编辑的《哲学研究》的面世，一些批判性的质疑紧随而来，特别是关于他们把他们所称的"第二部分"纳入进去的决定。尽管"第一部分"的打字稿（TS 227，日期为1945—1946年）[③] 通常被认为是维特根斯坦遗作里的杰出作品，几乎可以看作维特根斯坦本人已经完成了的作品[④]，但安斯康姆和里斯将一份关于心理学哲学的打字稿当作"第二部分"附加给了《哲学研究》（TS 234，1949年口述版）。他们决定将该片段与完成度相对较高、组织相对完善的手稿合并在一起，并统一命名为《哲学研究》。"第二部分"里的小节划分和小节标题也是由安斯康姆和里斯制定的。这些干预措施随后就受到了质疑，尤其是因为那份用于印刷的原始手稿最后被弄丢了（用来印刷"第一部分"的打字稿也丢了）。虽然安斯康姆和里斯在这本书的前言里并未隐瞒把"第二部分"纳入是出于他们的决定，但后来学者们后来批评这个决定，这部分是因为

[①] 安斯康姆（1953：521-522）。
[②] 肯尼（2005：341-342）。
[③] 维特根斯坦遗作中文件的编码按照冯·赖特（1969：483-503）。
[④] 舒尔特（2005：397-404）。

受到了冯·赖特关于"第二部分疑难始末"的研究的鼓舞。①

在编辑《哲学研究》的过程中,安斯康姆、里斯和冯·赖特都认为把"第二部分"的打字稿放进去是毫无争议的。安斯康姆和里斯分别在 1948 年年底至 1949 年年初的两个不同场合拜访了维特根斯坦,并得到了相应的信息。在写给冯·赖特的一封信中,安斯康姆回忆了拜访过程中那些对理解维特根斯坦的意图非常重要的时刻:

> 我之所以肯定维特根斯坦"会把这部分与增补的材料一起插入到《哲学研究》经过大量删减后的最后 30 页里",完全是因为我去都柏林拜访他时他对我说的话:他所指的确实不是"第二部分"的手稿或打字稿(正如您所提到的那样,它们在那个时候还不存在),而是那些——或那卷——大型手稿,后来我才意识到,那卷手稿就包含了"第二部分"手稿中的材料。我之所以意识到了这一点,是因为维特根斯坦当时与我讨论的内容就是他提到那一大卷手稿时的谈话背景(我认为他实际上指的只是那**一卷**,因为它们都在一块才说是"那些卷"。)②

里斯也有类似的报告:

> 他在 1948 年后半段和 1949 年年初的主要工作,是对"**第二**

---

① 冯·赖特(1992:181-192)。
② 安斯康姆致冯·赖特的信,1991 年 4 月 15 日,保存在芬兰国家图书馆(NLF),COLL.714.11-12。

附录2 维特根斯坦遗作的编辑方法：走向历史的理解（节选）

部分"（我们现在如此称它）的"**修订**"。当我在1948/49年的圣诞假期（大约在12月20日到1月10日间）去都柏林拜访他时，他正在**非常**努力地进行这项工作。他谈到了那些他已经完成的部分，并①向我朗读了其中的一些部分。但他没有解释他将用它们替代"第一部分"手稿中的哪些部分。②

即使在今天，里斯和安斯康姆对"第二部分"的安排仍然在学者中引发着争议性讨论。鉴于"第一部分"和"第二部分"之间风格迥异，里斯指出，"'第一部分'和'第二部分'怎样互相结合的问题，是它们**内部的**关系问题。"③《哲学研究》的批判—发生学版（PU 2001）详细地介绍了"第一部分"和"第二部分"的起源。它用最后现存的"第二部分"的前一个版本（pre-version）（MS 144）取代了"第二部分"。基于批判—发生学版的德文阅读版（PU 2003）则就不再包含"第二部分"了。在修订后的英译本（PI 2009）中，里斯和安斯康姆的"第二部分"仍然包括在内，但标题变成了"心理学哲学——一个片段【之前称为"'第二部分'】"。

本论文后面部分的观点已在本书中得以呈现，故省略。

---

① 【译注】：引文原文中的'and'（"并"）误拼作'a, d'，此处译文未体现。
② 里斯致冯·赖特的信，1972年8月10日，保存在赫尔辛基大学的冯·赖特和维特根斯坦档案馆（WWA）。
③ 里斯致冯·赖特的信，1974年5月7日，保存在斯旺西大学的理查德·伯顿档案馆（RBA），文件号：UNI/SU/PC/1/2/1/3。

索　引

A

Alfred Kastil 阿尔弗雷德·卡斯蒂尔　53

Allan Janik 艾伦·贾尼克　103

Alois Pichler 阿洛伊斯·皮希勒　1,17,103

André Maury 安德烈·毛利　86

Anthony Kenny 安东尼·肯尼　83

B

biographical sketch 传略　38,40,41,44,53,65,79,94,98

Brian McGuinness 布瑞恩·麦奎尼斯　61,95

C

Claus Huitfeldt 克劳斯·休特费尔特　99,102

coded remarks 加密评论　48,49,74,80,91,95

critical-genetic edition 批判—发生学版　26,105-108

cultural illiterate 文化盲　76

D

David Pears 大卫·皮尔斯　61,86

Dietrich Sattler 迪特里希·萨特勒　88

digital humanities 数字人文　104

索 引

E

editorial choice 编辑决策　28,50,70

editorial intervention 编辑干预　6,9, 12,13,16

editorial-philological 辑语文学　37, 109

Eino Kaila 埃诺·凯拉　77

Elizabeth Anscombe 伊丽莎白·安斯康姆　4,20,21,23,25,26,31,32

externality 外部性　86

F

Franz Brentano 弗兰茨·布伦塔诺　53

Friedrich August von Hayek 弗里德里希·奥古斯特·冯·哈耶克　40

Friedrich Waismann 弗里德里希·魏斯曼　60,61

G

general remarks 一般评论　75-77, 79

Georg Henrik von Wright 乔治·亨利克·冯·赖特　20,21,25,85

Georg Kreisel 乔治·克莱塞尔　46

H

Heikki Nyman 海基·尼曼　86

Henry Schollick 亨利·肖利克　26

historical-critical 历史—批判版　90, 92

J

Jacob Burckhardt 雅各布·布克哈特　50

Jakob Meløe 雅各布·梅勒　98

Joachim Schulte 约阿希姆·舒尔特　85

Jürgen Heringer 于尔根·赫林格　88

K

Knut Erik Tranøy 克努特·埃里克·特拉诺伊　98

L

language games 语言游戏　56,63

later Wittgenstein 后期维特根斯坦　58

ledger 账本　24,37,42,64

literary corpus 文献语料库　50,86

literary executors 文稿执行人　25-28,30,33,37-42,44,46,49,50,53-55,61,62,70-75,80,81,90-95,100,106

M

Margarete Stonborough 玛格丽特·斯通巴罗　38,41

Mario Rosso 马里奥·罗索　88

Maurice O'Connor Drury 莫里斯·奥康纳·德鲁里　95

meta-commentary 元评论　49

Michael Nedo 迈克尔·内多　6,88

Michele Ranchetti 米歇尔·兰切蒂　88

microfilm 微缩胶片　80,81,83,88,89,98,108

middle Wittgenstein 中期维特根斯坦　52,53,55,57-59,61,63,65,73,85

Moore volume 摩尔卷　42,43,57-62,72,79

N

Nachlass 遗作　1-17,19,20,23-25,27,30,37,39,45,49-51,54,60,62,64,66,69,74,79-81,83-89,91,94,98,99,101-109

Norman Malcolm 诺曼·马尔康姆　41,47,72

P

Peter Geach 彼得·吉奇　42,71

Peter Hacker 彼得·哈克　107

Peter Winch 彼得·温奇　100

philological criticism 文献学批判　85,87

philosophical co-creation 哲学共创　66,83

philosophical editing 哲学性编辑　71,72

R

Ramsey 拉姆齐　86

Reinhard Nowak 莱因哈德·诺瓦克　90

索　引

Rush Rhees 拉什·里斯　4,20,21,23,25,53,54,65,66

T

text-critical 文本批判式　85

The Wittgenstein Papers 维特根斯坦文集　24,26,37,68,69,71,73,75,77,79-81,87,100,107,109

typescript 打字稿　3,4,9,11,23-30,37,42,44,45,48,54,58,60,62,63,71,72,75,79,81,83-85,87,106

V

Viggo Rossvær 维格·罗斯韦尔　98

W

Wilhelm Baum 威廉·鲍姆　95

William Bartley 威廉·巴特利　94

译后记

作为20世纪以来最具影响力的哲学家之一，维特根斯坦在生活态度、哲学风格、文化品位等方面都展现出了诸多令人困惑不解的地方，给试图理解他的读者们留下了颇为复杂的局面。这种复杂的局面同时也体现在他对待自己的著作的方式上；或者说，如果考虑到为了尝试着透过那些迷雾来一窥维特根斯坦的精神"内核"，我们不得不在很大程度上要依赖于他写下的东西，那么这种复杂的局面就尤其体现在他对待其著作的方式上。正如本书作者所介绍的那样，一方面，维特根斯坦极其重视他写下来的东西，无论是创作（本书第三章第五节就提供了一个典型例子）、编排（参见本书第三章第六节的引文）还是翻译（参见本书第一章第四、第五节，第三章第一节），有时到了他的朋友和同事都无法理解的程度；但另一方面，他最终又把决定其几乎全部作品命运的权利让渡给了别人：先是里斯、安斯康姆和冯·赖特，之后又不可避免地扩大化了，现在甚至包括一切对其作品感兴趣的读者。如何理解维特根斯坦的这一举动，很大程度上决定了我们会如何理解那些被称为"维特根斯坦原著"的出版物，因

译后记

而也就决定了我们会如何理解维特根斯坦的哲学。按照维特根斯坦自己的解释,他之所以把作品交付出去,是因为"我完全信任你(里斯),我也完全信任安斯康姆女士"(《里斯致肯尼的信》,1977年3月2日)。在里斯看来,维特根斯坦所说的"信任"指的是维特根斯坦相信他们三位能够按照他的心意对待他的作品。所以,当肯尼质疑里斯的编辑策略时,里斯直白地说"我都没有想过要有个什么编辑策略"(同上),因为他认为这个编辑策略在维特根斯坦把其作品留给他们时就已经确定了,那就是按照他所理解的维特根斯坦的心意进行处理。但是,不管对于如何理解维特根斯坦的心意,还是对于是否应该依托于这种理解来进行编辑(维特根斯坦的遗嘱并不直接蕴含这一点),其他两位继承人和参与遗作编辑的其他人显然并不觉得有很强的限制。就是这种矛盾,主宰着半个多世纪以来的维特根斯坦遗作编辑史。

本书最主要的目的就是展示编辑们基于各自的不同理念而展开的对维特根斯坦遗作的编辑历史。在这一历史的最新阶段,对维特根斯坦遗作的编辑旨趣走向了相反于遗作直接继承人(或许也包括维特根斯坦自己)所希望的方向:人们认为编辑活动不应该表达编者的理解——即使这些人是维特根斯坦"完全信任"的人,而是应力图把遗作"还原"为那种还未被某种理解统合的状态。这种发展的结果,正如本书作者所指出来的那样,势必会重新走向基于某种理解的重构,只不过这一任务现在落到了读者的身上。这样一来,维特根斯坦的读者就只能自己承担起这个矛盾的重量。这也就是我们——作为维特根斯坦读者——为何必须了解这一状况的原因。总之,维特根斯坦以一种令人困惑的方式对待其作品，以至于依据维特根斯坦自己的意愿而展开的编辑活动，自身又引发了更加复杂的局面。这种在阅读维特根斯坦时一直矗立在我们视野中的"历史性和系统性"（参见本书第二章第六节）矛盾，会不断地激发着我们深入这一复杂局面里面，做出自己的抉择，形成与维特根斯坦的真正对话，从而——借用本书作者的话（参见本书第三章第六节）——通过"哲学性的共创"的方式最终理解维特根斯坦（或许这也是维特根斯坦如此处理其作品的一个理由：只有能和他对话的读者，最终才有可能理解他）。

我非常荣幸能够有机会参与这种"哲学性的共创"活动，并为之贡献一份小小的力量。我衷心希望各位读者通过阅读我们所译的这本关于维特根斯坦遗作编辑历史的著作，能更加方便地了解维特根斯坦著作的成书始末，从而加入维特根斯坦对话者的行列中。在此，我要感谢西南民族大学哲学学院对"西南民族大学外国哲学译丛"的大力支持；感谢段吉福教授、江怡教授、李蜀人教授、徐强博士为促成"译丛"事宜所做的贡献；徐强博士同时也为本书提供了专业的"导论"并负责校对工作，为本译作的完善付出了很大的心血。感谢中国社会科学出版社刘亚楠编辑的辛勤付出。翻译这本书的过程也是我学习、理解维特根斯坦哲学的过程，尽管有众多师友的帮助、提点，但由于我的水平有限，译本中难免存在一些不足之处，欢迎读者批评指正。

窦安振
2025 年 6 月 30 日